Bernd Külpmann

# Kennzahlen im Betrieb

## Wichtige Werte im Wettbewerb

D1666830

Verlagsredaktion: Annette Preuß
Technische Umsetzung: Holger Stoldt, Düsseldorf
Umschlaggestaltung: Katrin Nehm, Berlin
Titelfoto: © Stefan Wagner, Berlin

Informationen über Cornelsen Fachbücher und Zusatzangebote:
**www.cornelsen-berufskompetenz.de**

1. Auflage

© 2006 Cornelsen Verlag Scriptor GmbH & Co. KG, Berlin

Druck: Druckhaus Berlin-Mitte

ISBN-13:   978-3-589-21974-2
ISBN-10:   3-589-21974-2

Inhalt gedruckt auf säurefreiem Papier,
umweltschonend hergestellt aus chlorfrei gebleichten Faserstoffen.

# Inhalt

# Vorwort

Betriebswirtschaftliche Kennzahlen liefern in kompakter Form objektive Informationen über die wirtschaftliche Situation eines Unternehmens und der einzelnen Unternehmensbereiche.

Stärken und Schwächen werden mittels Kennzahlen transparent gemacht und negative Entwicklungen können rechtzeitig erkannt werden.

Kennzahlen sind daher ein wertvolles Instrument zur Analyse, Planung und Steuerung der Wirtschaftlichkeit des Unternehmens.

Dieses Buch vermittelt Ihnen einen komprimierten Überblick über praxisbewährte Kennzahlen und zeigt Ihnen,

◆ wie Sie die für Ihr Unternehmen geeigneten Kennzahlen auswählen,
◆ auf welche Top-Kennzahlen Sie nicht verzichten dürfen,
◆ welche Berechnungen hinter den einzelnen Kennzahlen stehen,
◆ wie man die Kennzahlen zuverlässig interpretiert und für eine exakte Unternehmensdiagnose einsetzt,
◆ welche Kennzahlen zur Steuerung einzelner Unternehmensbereiche besonders geeignet sind,
◆ was für die Aussagekraft von Kennzahlen unverzichtbar ist,
◆ woher man die für die Ermittlung der Kennzahlen erforderlichen Basisdaten bekommt,
◆ welche konkreten Maßnahmen zur Verbesserung der Kennzahlen eingesetzt werden können und
◆ wie man durch die Zusammenfassung von Einzelkennzahlen zu einem Kennzahlensystem die Übersichtlichkeit gewährleistet.

Kennzahlen schaffen wirtschaftliche Transparenz. Jedes Unternehmen sollte daher – unabhngig von seiner Größe – über geeignete Kennzahlen verfügen, um die wirtschaftliche Situation sicher zu überwachen und zu steuern.

Nutzen Sie die Möglichkeiten, die Ihnen betriebswirtschaftliche Kennzahlen bieten und profitieren Sie von den in diesem Buch dargestellten Kennzahlenbeispielen aus der Unternehmenspraxis.

Solingen, im Januar 2006                    *Bernd Külpmann*

# 1 Kennzahlen und Kennzahlensysteme

### Eigenschaften, Aufgaben und Gewinnung

## 1.1 Was sind Kennzahlen?

Unternehmen müssen ständig über objektive Informationen verfügen, die es den Führungskräften erlauben,

- die wirtschaftliche Situation exakt zu analysieren,
- das Unternehmen erfolgsorientiert zu steuern und
- unternehmerische Entscheidungen effizient zu treffen.

Informationen in Form von Kennzahlen sind für eine entscheidungsorientierte Steuerung des Unternehmens unverzichtbar.

Unter Kennzahlen sind grundsätzlich alle Zahlen zu verstehen, die in komprimierter Form Informationen über betriebswirtschaftliche Sachverhalte liefern und damit eine wichtige Basis für die Steuerung der Wirtschaftlichkeit eines Unternehmens darstellen.

Kennzahlen sind absolute Zahlen oder Verhältniszahlen:

- Absolute Kennzahlen lassen sich ohne weitere Berechnungen direkt aus der Bilanz oder aus der Gewinn- und Verlustrechnung oder anderen Unterlagen entnehmen. Bei absoluten Kennzahlen kann es sich um ursprüngliche Zahlen (Einzelzahlen) oder auch um Summen bzw. Differenzen handeln. Beispiele für absolute Kennzahlen sind:

- Gewinn
- Umsatzerlöse
- Eigenkapital
- Gesamtkapital etc.

♦ Verhältniszahlen werden ermittelt, indem man absolute Zahlen zueinander in Beziehung setzt. Durch diese Verhältnisbildung wird eine betriebswirtschaftliche Aussage erzeugt, die sich durch absolute Zahlen nicht erreichen lässt. Die so ermittelte Kennzahl liefert eine Aussage über die Kapitalkraft des Unternehmens.

**Beispiel:**
Die Verhältniszahl Eigenkapitalquote wird ermittelt, indem man das Eigenkapital ins Verhältnis setzt zum Gesamtkapital.

Im engeren Sinne werden nur Verhältniszahlen (Ratios) als Kennzahl bezeichnet.

## 1.2 Grundprinzip von Kennzahlen

Das Grundprinzip von Kennzahlen besteht darin, Einzelinformationen zu verdichten, um komplexe Sachverhalte mit Hilfe weniger Messgrößen darzustellen.

In der Praxis erweist es sich oft als schwierig, aus der Vielzahl der in der Literatur zu findenden Kennzahlen die unverzichtbaren Hauptkennzahlen von den Unter- bzw. Nebenkennzahlen zu unterscheiden.

### Praxistipp

Wenn Sie beabsichtigen, eine größere Anzahl von Kennzahlen im Unternehmen zu ermitteln und einzusetzen, empfiehlt es sich, die Kennzahlen verschiedenen Kennzahlenbereichen zuzuordnen, um die Übersichtlichkeit zu gewährleisten.

Bei der Kennzahlenbildung aufgrund von Jahresabschlussdaten (Bilanz, GuV) hat sich in der Praxis die Trennung zwischen Rentabilitätskennzahlen und Liquiditätskennzahlen als Mindesttrennung bewährt.

Eine weitere Unterteilung wird an späterer Stelle noch vorgestellt.

Durch die Bildung von Kennzahlenbereichen und die Zuordnung der einzelnen Kennzahlen zu diesen Bereichen wird aus Einzelkennzahlen ein sog. Kennzahlensystem.

Die aufgrund des Jahresabschlusses (Bilanz, GuV) ermittelten Kennzahlen beziehen sich auf das Gesamtunternehmen.

Die Effizienz des Einsatzes von Kennzahlen lässt sich jedoch deutlich erhöhen, wenn Kennzahlen nicht ausschließlich für das Gesamtunternehmen, sondern auch für einzelne Segmente, d.h. Teilbereiche des Unternehmens, ermittelt werden.

## 1.3 Aufgaben von Kennzahlen und Kennzahlensystemen

Kennzahlen und Kennzahlensysteme schaffen Transparenz und sind daher unverzichtbare Instrumente für die Analyse und Steuerung der Wirtschaftlichkeit eines Unternehmens.

Kennzahlen erfüllen schwerpunktmäßig die folgenden Aufgaben:

◆ Beurteilung der Unternehmensentwicklung im Zeitablauf:

Kennzahlen eignen sich sehr gut zur Darstellung und Analyse der wirtschaftlichen Entwicklung des Unternehmens über einen längeren Zeitraum. Zur Erstellung einer solchen Analyse werden ausgewählte Kennzahlen des eigenen Unternehmens als Vergleich über mehrere Jahre, meist 5 Jahre, dargestellt.

Die Hauptzielsetzung so genannter Zeitreihenanalysen besteht darin,

– die wirtschaftliche Entwicklung nicht isoliert für ein einzelnes Geschäftsjahr, sondern über einen längeren Zeitraum transparent zu machen,

– Trends und Tendenzen bezüglich der wirtschaftlichen Situation des Unternehmens frühzeitig zu erkennen.

◆ Vergleich mit Branchenkennzahlen oder Kennzahlen anderer Unternehmen:
Solche Kennzahlenvergleiche dienen zur Bestimmung der eigenen Position und zur Erkennung von Verbesserungspotenzialen (Betriebsvergleiche oder Benchmarking).
Um solche Vergleiche durchführen zu können, ist es zunächst erforderlich, geeignete Vergleichskennzahlen zu beschaffen. Ob Vergleichskennzahlen geeignet sind, ist in erster Linie davon abhängig, ob eine Vergleichbarkeit bezogen auf Branche, Unternehmensgröße, Unternehmensstruktur und Rechtsform gegeben ist.
Zur Beschaffung von Vergleichskennzahlen stehen als Quelle beispielsweise Wirtschaftsverbände, Großbanken und Sparkassen/Volksbanken zur Verfügung.

Für die Aussagefähigkeit von überbetrieblichen Kennzahlenvergleichen ist es unbedingt erforderlich, dass die Kennzahlen nach einer einheitlichen Methodik ermittelt werden. Daher gehört zu jeder Kennzahl eine eindeutige Definition.

◆ Festlegung von Unternehmenszielen:
Für ein effizientes Unternehmenscontrolling ist es unverzichtbar, Unternehmensziele festzulegen. Die Festlegung von Unternehmenszielen, Bereichszielen, Abteilungszielen und Mitarbeiterzielen erfolgt in Form von Kennzahlen.
Kennzahlen bilden somit die Basis für einen zielorientierten Steuerungsprozess und dienen außerdem der Orientierung und Motivation.

Ziele im Sinne des Controllings müssen konkret und erreichbar sein.

◆ Informations- und Steuerungsinstrument:
  Kennzahlen spielen eine wichtige Rolle innerhalb eines
  jeden Management-Informationssystems (MIS).
  Innerhalb des Informationssystems werden den Soll-
  Kennzahlen (Zielgrößen) die entsprechenden Istwerte
  gegenübergestellt. Abweichungen vom Zielkurs müssen
  rechtzeitig durch das Informationssystem aufgezeigt
  werden.
  Die aufgezeigten Abweichungen sind dann auf ihre
  Ursachen hin zu analysieren, damit geeignete Gegen-
  steuerungsmaßnahmen eingeleitet werden können.

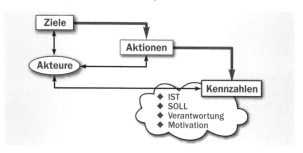

Führen mit Kennzahlen (Quelle: Friedag/Schmidt 2004, Rudolf
Haufe Verlag, Freiburg, S. 43)

## 1.4 Kennzahlengewinnung

Die Kennzahlengewinnung läuft in der Regel in folgenden
Schritten ab:
◆ Kennzahlenauswahl:
  – Welche Kennzahlen sollen eingesetzt werden?
  – Zu welchen Kennzahlenbereichen lassen sich die
    Einzelkennzahlen zusammenfassen?

  Die Auswahl geeigneter Kennzahlen ist nicht immer
  ganz einfach. Es ist sinnvoll, sich bei der Auswahl von

Kennzahlen an den „kritischen Erfolgsfaktoren" des Unternehmens zu orientieren, d.h. an den Faktoren, die einen wesentlichen Einfluss auf den wirtschaftlichen Erfolg des Unternehmens haben. Eine weitere Möglichkeit der Kennzahlenauswahl besteht darin, sich an den unternehmerischen Zielen zu orientieren.

---

**Praxistipp**

In der Praxis hat es sich als sinnvoll erwiesen, die Anzahl der verwendeten Kennzahlen nicht ausufern zu lassen, sonst verliert man den Überblick. Es ergibt wenig Sinn, eine große Menge von Kennzahlen zu ermitteln, die dann nur unvollständig analysiert und interpretiert werden.
Eine Beschränkung auf wenige, aber aussagekräftige Kennzahlen ist daher oft der beste Weg.

---

◆ Kennzahlendefinition:
Jede einzelne Kennzahl muss eindeutig definiert und ihre Berechnungsweise bestimmt werden. Diese Definition muss in klarer, auch für Nicht-Kaufleute verständlicher Form erfolgen und idealerweise durch die Verwendung kleiner Beispiele gut nachvollziehbar sein.
Darüber hinaus kommt es bei der Kennzahlendefinition auch darauf an, aufzuzeigen, wie die Kennzahl konkret beeinflusst werden kann. Nur so kann sichergestellt werden, dass Kennzahlen aktiv für die Steuerung des Unternehmens genutzt werden.

Kennzahlen, die von den Informationsempfängern nicht verstanden werden, werden nicht genutzt und sind damit wertlos.

◆ Informationsbeschaffung:
Wenn festgelegt wurde, wie die einzelnen Kennzahlen ermittelt werden sollen, sind die Beschaffungsquellen der zur Kennzahlenermittlung erforderlichen Basisdaten auszuwählen und festzulegen.

Die Basisdaten für die Ermittlung der oft eingesetzten Rentabilitäts- und Liquiditätskennzahlen lassen sich relativ problemlos aus der Bilanz und der Gewinn- und Verlustrechnung gewinnen.

Zur Ermittlung von Kennzahlen für einzelne Unternehmensbereiche muss oft auf Daten unterschiedlicher Vorsysteme zugegriffen werden, beispielsweise auf das Materialwirtschaftssystem oder das Produktionsplanungs- und -steuerungssystem.

Es ist jedoch durchaus auch denkbar, dass für bestimmte gewünschte Kennzahlen die erforderlichen Basisdaten bisher im Unternehmen noch nicht erfasst und gespeichert werden.

Bevor eine Erfassung zusätzlicher Daten initiiert wird, sollten der Informationsnutzen und der Aufwand der zusätzlichen Datenerfassung gegeneinander abgewogen werden.

◆ Informationsdarstellung:
Die Darstellung der Kennzahlen selbst kann tabellarisch oder grafisch erfolgen. Idealerweise sollte die Kennzahlendarstellung ergänzt werden durch einen verbalen Erläuterungsteil.

Bei Verwendung einer größeren Anzahl von Kennzahlen fasst man die einzelnen Kennzahlen zwecks besserer Übersicht zu Kennzahlengruppen zusammen, z.B.
– Rentabilitätskennzahlen,
– Liquiditätskennzahlen,
– Ergebniskennzahlen,
– Produktionskennzahlen,
– Vertriebskennzahlen etc.

An Bedeutung stark gewonnen haben Kennzahlensysteme, die die Kennzahlen nicht in tabellarischer Form, sondern stattdesssen in einer so genannten „Baumstruktur" darstellen. Diese Baumstruktur gibt die Möglichkeit, Kennzahlenabhängigkeiten transparenter darzustellen.

◆ Informationsverarbeitung:
Für die Ermittlung und Darstellung der Kennzahlen bieten sich an:
– spezielle Standardsoftwaresysteme
– das Tabellenkalkulationsprogramm Excel

In der Praxis wird sehr oft die Tabellenkalkulation Excel für die Ermittlung und Darstellung von Kennzahlen eingesetzt. Gegenüber dem Einsatz von spezieller Standardsoftware besteht der Nachteil, dass das Kennzahlensystem zunächst konzipiert und dann in Excel aufgebaut werden muss, während beim Einsatz von Standardsoftware ein „fertiges System" zur Verfügung steht.
Auf der anderen Seite spricht für eine Excel-gestützte Lösung, dass sich mit Excel ein individuelles Kennzahlensystem erstellen lässt, das den spezifischen Informationsbedürfnissen des Unternehmens exakt entspricht.

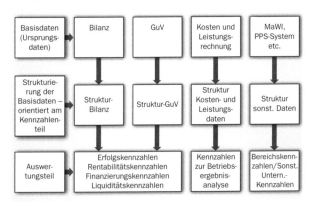

Informationsgewinnung und -verarbeitung

# Auf den Punkt gebracht:

◆ Unternehmen müssen ständig über objektive Informationen verfügen, die es den Führungskräften erlauben, die wirtschaftliche Situation exakt zu analysieren, das Unternehmen erfolgsorientiert zu steuern und unternehmerische Entscheidungen effizient zu treffen.

◆ Unter Kennzahlen sind grundsätzlich alle Zahlen zu verstehen, die in komprimierter Form Informationen über betriebswirtschaftliche Sachverhalte liefern. Im engeren Sinne werden nur Verhältniszahlen als Kennzahlen bezeichnet.

◆ Das Grundprinzip von Kennzahlen besteht darin, Einzelinformationen zu verdichten, um **komplexe Sachverhalte mit Hilfe weniger Messgrößen darzustellen**.

◆ Wichtigste Datenbasis für die Ermittlung von Kennzahlen sind die Bilanz und die Gewinn- und Verlustrechnung.

◆ Ein Vergleich mit Branchenkennzahlen oder Kennzahlen anderer Unternehmen ermöglicht die Bestimmung der eigenen Position und die Erkennung von Verbesserungspotenzialen (Betriebsvergleiche oder Benchmarking).

◆ Der Nutzen von Kennzahlen entsteht nicht durch deren Existenz, sondern nur durch die aktive Verwendung der Kennzahlen für Steuerungszwecke.

◆ Für den effizienten Einsatz von Kennzahlen gilt der Grundsatz „Gestalten statt Verwalten".

# 2 Quicktest – Ermittlung von Schlüsselkennzahlen

## Betriebswirtschaftliche Aussagen anhand von nur vier Kennzahlen

Bei dem „Quicktest" von Peter Kralicek handelt es sich um ein seit Jahren praxisbewährtes, sehr komprimiertes Kennzahlensystem.

Obwohl nur vier Kennzahlen herangezogen werden, ist die erzielte betriebswirtschaftliche Aussage grundsätzlich richtig. Würde man 20, 30 oder auch mehr Kennzahlen heranziehen, änderte sich an der grundsätzlichen Aussage zur finanziellen Stabilitätssituation und zur Ertragskraft des Unternehmens kaum etwas.
Ein differenzierteres Kennzahlensystem hat jedoch den Vorteil, dass die Hintergründe und damit die Ursachen deutlicher erkannt werden können.

## 2.1 Kennzahlenübersicht

Zur Gewinnung eines generellen Überblicks über die wirtschaftliche Situation eines Unternehmens geht es zunächst um eine objektive Beurteilung von

◆ Kapitalkraft,
◆ finanzieller Leistungsfähigkeit,
◆ Rendite und
◆ Schuldentilgungspotenzial.

Hierzu haben sich diefolgenden Kennzahlen als besonders geeignet erwiesen:

- Eigenkapitalquote
- Cashflow-Rate
- Gesamtkapitalrendite
- Schuldentildungsdauer

## Eigenkapitalquote

$$\text{Eigenkapitalquote} = \frac{\text{Eigenkapital} \cdot 100}{\text{Gesamtkapital (Bilanzsumme)}}$$

### Kennzahlenaussage

Die Eigenkapitalquote wird zur Beurteilung der Kapitalkraft des Unternehmens herangezogen.

Die Eigenkapitalquote ist eine wichtige Kennzahl zur Beurteilung der Bonität eines Unternehmens. Sie sagt aus, wie hoch der Anteil des von den Unternehmenseignern zur Verfügung gestellten Kapitals vom Gesamtkapital ist.

> Eine hohe Eigenkapitalquote bedeutet einen hohen Unabhängigkeitsgrad und finanzielle Sicherheit.

### Kennzahlenherkunft

Das Gesamtkapital ist der Bilanzsumme gleichzusetzen. Das Eigenkapital umfasst

- Grund- bzw. Stammkapital (gezeichnetes Kapital),
- Kapitalrücklagen,
- Gewinnrücklagen,
- Gewinn- bzw. Verlustvorträge,
- Jahresüberschuss/-fehlbetrag.

Die zur Kennzahlenermittlung erforderlichen Basisdaten werden der Bilanz entnommen.

### Ansatzpunkte zur Verbesserung der Eigenkapitalquote

Mögliche Ansatzpunkte für eine Verbesserung dieser Kennzahl bestehen in:

- Erhöhung des Eigenkapitals durch
  - Kapitalerhöhung,
  - Erhöhung der Gewinnrücklage durch verstärkte Gewinnthesaurierung.

- Reduzierung des Gesamtkapitalbedarfs, hier bieten sich folgende Maßnahmen an:
  - Leasing statt Kauf von Anlagegütern: Die Entscheidung, ob ein Anlagegut gekauft oder geleast wird, muss selbstverständlich unter unterschiedlichen Gesichtspunkten geprüft werden und darf nicht einseitig getroffen werden mit Hinblick auf eine Verbesserung der Eigenkapitalquote.
  - Reduzierung der Kapitalbindung im Vorratsvermögen: Dies bedeutet konkret eine Reduzierung des Bestandes an fertigen/unfertigen Erzeugnissen sowie an Rohmaterial und Einkaufsteilen. Erreichen lassen sich Bestandreduzierungen durch optimierte Dispositionsverfahren (Bestellmengenoptimierung, verbesserte Produktionsplanung und -steuerung), Abverkauf von Ladenhütern etc.
  - Reduzierung der Kapitalbindung im Debitorenbestand (Forderungen aus Lieferungen und Leistungen) durch ein aktives Debitorenmanagement.

### Cashflow-Rate (Cashflow-Rentabilität)

$$\text{Cashflow in \% der Betriebsleistung (Gesamtleistung)} = \frac{\text{Cashflow} \cdot 100}{\text{Betriebsleistung (Gesamtleistung)}}$$

### Kennzahlenaussage

Der Cashflow ist ein wichtiger Indikator für die finanzielle Leistungsfähigkeit eines Unternehmens.

Aussagefähiger als der absolute Cashflow ist der Cashflow in % der Betriebsleistung (Cashflow-Rate).

Die Kennzahl zeigt auf, inwieweit sich das Unternehmen von innen heraus finanzieren kann (Innenfinanzierungs-Potenzial): Ein niedriger Cashflow führt zu einer Schwächung des Eigenkapitals und der Eigenkapitalquote, außerdem zu einem erhöhten Verschuldungsgrad und damit zwangsläufig zu einer wachsenden Zinslast. Das Wachstumspotenzial des Unternehmens wird eingeschränkt.

Die Kreditwürdigkeit (Bonität) eines Unternehmens verbessert sich bei steigender Cashflow-Rate bzw. verschlechtert sich bei einer sinkenden Rate.

**Kennzahlenermittlung**

Zur Ermittlung der Cashflow-Rate wird der absolute Cashflow in Prozent der Betriebsleistung ausgedrückt.

Zur Ermittlung des absoluten Cashflow werden recht unterschiedliche Berechnungsmethoden verwendet. Besonders häufig ermittelt man den Cashflow wie folgt:

|   | Betriebsergebnis bzw. Ergebnis aus der gewöhnlichen Geschäftstätigkeit |
|---|---|
| + | Abschreibungen |
| +/– | Veränderung der langfristigen Rückstellungen |
| = | Cashflow |

**Ansatzpunkte zur Optimierung der Cashflow-Rate**

Die beste Weg zur Verbesserung der Cashflow-Rate ist eine Stärkung der Ertragskraft des Unternehmens, damit aus dem Ergebnis mehr Cashflow generiert werden kann.

Hinweise auf Möglichkeiten zur Stärkung der Ertragskraft werden an späterer Stelle detailliert behandelt.

**Gesamtkapitalrendite (Gesamtkapitalrentabilität)**

$$\text{Gesamtkapitalrendite} = \frac{\text{Betriebsergebnis} + \text{Zinsaufwand} \cdot 100}{\text{Gesamtkapital (investiertes Kapital)}}$$

**Kennzahlenaussage**

Die Gesamtkapitalrendite zeigt, wie sich das im Unternehmen investierte Gesamtkapital verzinst.

Die Kennzahl liefert eine Aussage, ob die erzielte Rendite den Zinssatz übersteigt, den man durchschnittlich für das Fremdkapital aufwenden muss, bzw. ob die Rendite den Verzinsungsansprüchen gerecht wird.

> Die Gesamtkapitalrendite muss mindestens so hoch sein, dass die Verzinsungsansprüche der Fremdkapital- und Eigenkapitalgeber abgedeckt werden.

Wenn die Gesamtkapitalrendite höher ist als der durchschnittliche Zinssatz für Fremdkapital, erhöht sich dadurch die Rendite des eingesetzten Eigenkapitals. Inwieweit sich die Eigenkapitalrendite (Verzinsung des eingesetzten Eigenkapitals) erhöht, hängt neben der Zinsdifferenz vom Verschuldungsgrad (Verhältnis von Fremd- und Eigenkapital) des Unternehmens ab.

Die Hebelwirkung der Gesamtkapitalrendite auf die Höhe der Eigenkapitalverzinsung wird als Leverage-Effekt bezeichnet.

Der Leverage-Effekt kann indes auch negative Auswirkungen auf die Eigenkapitalverzinsung haben: Liegt die Gesamtkapitalrentabilität des Unternehmens unter dem Fremdkapitalzins, verringert sich dadurch die Eigenkapitalrentabilität, und zwar umso stärker, je größer der Fremdkapitalanteil des Unternehmens ist.

Die Kennzahl Gesamtkapitalrendite wird häufig im Rahmen von Kennzahlensystemen als so genannte „Spitzenkennzahl" verwendet.

**Kennzahlenermittlung**

Zur Ermittlung der Gesamtkapitalrendite wird das Ergebnis aus der gewöhnlichen Geschäftstätigkeit (vor Ertragssteuern und Fremdkapitalzinsen) oder das Betriebsergebnis auf das

Gesamtkapital bezogen. Das Gesamtkapital wird repräsentiert durch die Bilanzsumme.

## Ansatzpunkte zur Verbesserung der Gesamtkapitalrentabilität

Eine Verbesserung der Gesamtkapitalrendite lässt sich erreichen über:

◆ ein verbessertes Ergebnis – hierauf wird an späterer Stelle noch ausführlich eingegangen,

◆ über eine Reduzierung des gebundenen Kapitals (Gesamtkapital): Diese lässt sich erreichen durch eine Reduzierung der Kapitalbindung im Anlage- und Umlaufvermögen. Hierzu eignen sich insbesondere folgende Maßnahmen:
  – Leasing statt Kauf von Anlagegütern,
  – Reduzierung der Kapitalbindung im Vorratsvermögen,
  – Reduzierung der Kapitalbindung im Debitorenbestand (Forderungen aus Lieferungen und Leistungen) durch ein aktives Debitorenmanagement.

## Schuldentilgungsdauer (in Jahren)

$$\text{Schuldentilgungsdauer} = \frac{\text{Fremdkapital} - \text{Liquide Mittel}}{\text{Cashflow}}$$

## Kennzahlenaussage

Die Schuldentilgungsdauer drückt aus, wie lange das Unternehmen bei jetziger Schuldenhöhe und dem zuletzt erwirtschafteten Cashflow brauchen würde, um die Schulden zurückzuzahlen.

Diese Kennzahl spielt in zahlreichen Kennzahlensystemen eine sehr wichtige Rolle und wird häufig auch als Schuldentilgungspotenzial bezeichnet.

Da die Eigenkapitalquote deutscher Unternehmen seit Jahren rückläufig ist, erhält die Kennzahl Schuldentilgungsdauer ein immer größeres Gewicht als Bonitätskriterium.

**Kennzahlenermittlung**

Zur Ermittlung der Schuldentilgungsdauer wird der Cashflow der Effektivverschuldung gegenübergestellt.

Der Cashflow wird in der Regel wie folgt ermittelt:

|  | Betriebsergebnis bzw. Ergebnis aus der gewöhnlichen Geschäftstätigkeit |
|---|---|
| + | Abschreibungen |
| +/− | Veränderung der langfristigen Rückstellungen |
| = | Cashflow |

Die Effektivverschuldung wird errechnet, indem man von den Gesamtverbindlichkeiten die liquiden Mittel (Kasse, Bank, Postscheck) abzieht.

**Ansatzpunkte für eine Verbesserung der Schuldentilgungsdauer (Schuldentilgungspotenzial)**

Eine Verbesserung der Schuldentilgungsdauer lässt sich erreichen über:

◆ einen verbesserten Cashflow: Dieser ist in erster Linie durch eine Stärkung der Ertragskraft des Unternehmens zu erreichen.

◆ eine Reduzierung des Fremdkapitals: Diese ist möglich durch
– Stärkung des Eigenkapitals,
– Reduzierung des Gesamtkapitalbedarfs.

## 2.2 Struktureller Aufbau des Quicktests

Ein großer Vorteil des Quicktests liegt darin, dass nur wenige Basisdaten für die Kennzahlenermittlung erforderlich sind. Diese können mit wenig Aufwand aus der Bilanz und Gewinn- und Verlustrechnung in das Eingabeschema übernommen bzw. abgeleitet werden.

Trotz der Tatsache, dass es sich um ein sehr komprimiertes Kennzahlenmodell handelt, empfiehlt es sich, das Modell zu strukturieren.

Struktureller Aufbau des Quicktests

## Eingabeschema

|  |  | T€ im Jahr 20xx |
| --- | --- | --- |
| **Bilanz** |  |  |
| Flüssige Mittel | (FLM) | 30,0 |
| Vorräte | (VO) | 600,0 |
| Eigenkapital | (EK) | 450,0 |
| Fremdkapital | (FK) | 1.050,0 |
| Gesamtkapital | (GK) | 1.500,0 |
| **GuV** |  |  |
| Gesamtleistung | (GL) | 3.000,0 |
| Fremdkapitalzinsen | (FKZ) | 60,0 |
| Cashflow vor Steuern | (CF) | 340,0 |
| Ergebnis der gewöhnlichen Geschäftstätigkeit | (EGT) | 220,0 |

Eingabeschema Bilanz-/GuV-Daten

Dahinter verbirgt sich im Einzelnen:

◆ Flüssige Mittel: Kassenbestand, Bankguthaben, Schecks

- Vorratsvermögen: Roh-, Hilfs- und Betriebsstoffe, unfertige Erzeugnisse, fertige Erzeugnisse und Waren, geleistete Anzahlungen
- Eigenkapital

|     | Grund- bzw. Stammkapital |
| --- | --- |
| +   | gesetzliche Rücklagen |
| +   | freie Rücklagen |
| +   | Gewinnvortrag |
| –   | Verlustvortrag |
| +   | Jahresgewinn |
| –   | Jahresverlust |
| =   | Eigenkapital |

- Fremdkapital: Summe der Schulden, die ein Unternehmen hat. Man unterscheidet zwischen lang- und kurzfristigem Fremdkapital. Bei mittelständischen Unternehmen werden i.d.R. alle Verbindlichkeiten mit einer Laufzeit von mehr als einem Jahr als langfristig betrachtet, die mit einer kürzeren Laufzeit als kurzfristig.
- Betriebsleistung

|     | Umsatzerlöse |
| --- | --- |
| +/– | Bestandserhöhungen/Bestandsminderungen an fertigen und unfertigen Erzeugnissen und Waren |
| +   | aktivierte Eigenleistungen |
| +   | sonstige betriebliche Erträge |
| =   | Betriebsleistung |

- Fremdkapitalzinsen: Zinsen und zinsähnliche Aufwendungen in Verbindung mit der Aufnahme von Fremdkapital
- Cashflow (vor Ertragssteuern)

|     | Ergebnis der gewöhnlichen Geschäftstätigkeit |
| --- | --- |
| +/– | Ab-/Zuschreibungen auf Gegenstände des Anlagevermögens |
| +/– | Erhöhung/Verminderung der langfristigen Rückstellungen |
| +/– | sonstige zahlungsunwirksame wesentliche Aufwendungen und Erträge |
| =   | Cashflow |

## Kennzahlenauswertung

| Kennzahlen | Formel | |
|---|---|---|
| Eigenkapitalquote | $\dfrac{EK \cdot 100}{GK}$ | 30,0 % |
| Schuldentilgungsdauer in Jahren | $\dfrac{FK - FLM}{CF}$ | 3,0 |
| Cashflow in % der Gesamtleistung | $\dfrac{CF \cdot 100}{GL}$ | 11,3 % |
| Gesamtkapitalrentabilität | $\dfrac{(EGT + FKZ) \cdot 100}{GK}$ | 18,7 % |

Kennzahlenauswertung

## Beurteilungsskala

| Kennzahlen | Formel | Beurteilungsskala | | | | |
|---|---|---|---|---|---|---|
| | | sehr gut | gut | mittel | schlecht | insolvenz-gefährdet |
| | | 1 | 2 | 3 | 4 | 5 |
| Eigenkapital-quote | $\dfrac{EK \cdot 100}{GK}$ | > 30 % | > 20 % | > 10 % | < 10 % | 0 oder negativ |
| Schuldentilgungs-dauer in Jahren | $\dfrac{FK - FLM}{CF}$ | < 3,0 | < 5,0 | < 12,0 | < 30,0 | ≥ 30,0 |
| Cashflow in % der Betriebsleistung | $\dfrac{CF \cdot 100}{GL}$ | > 10 % | > 8 % | > 5 % | ≤ 5 % | 0 oder negativ |
| Gesamtkapital-rendite | $\dfrac{(EGT + FKZ) \cdot 100}{GK}$ | > 15 % | > 12 % | > 8 % | ≤ 8 % | 0 oder negativ |

Quicktest-Beurteilungsskala (in enger Anlehnung an: Kralicek, Peter: Kennzahlen für Geschäftsführer: das Handbuch für Praktiker. ©2001 by Wirtschaftsverlag Carl Ueberreuter, REDLINE GmbH, Wien/Frankfurt, www.redline-wirtschaft.de)

**Beurteilung**

Die Gesamtnote für die finanzielle Stabilität ergibt sich als
Durchschnittswert aus den Noten für die Eigenkapitalquote
und die Schuldentilgungsdauer in Jahren:

| | |
|---|---|
| Eigenkapitalquote: | 2,00 |
| Schuldentilgungsdauer in Jahren: | 2,00 |
| Finanzielle Stabilität: | 2,00 |

Die Gesamtnote für die Ertragskraft ergibt sich als Durchschnittswert aus den Noten für den Cashflow in % der Gesamtleistung und für die Gesamtkapitalrentabilität:

| | |
|---|---|
| Cashflow in % der Gesamtleistung: | 1,00 |
| Gesamtkapitalrentabilität: | 1,00 |
| Ertragskraft | 1,00 |

Die Gesamtnote für die Gesamtbeurteilung ergibt sich als
Durchschnittswert aus den Noten für die finanzielle Stabilität und die Ertragskraft:

| | |
|---|---|
| Gesamtnote | 1,50 |

## 2.3 Praktische Anwendung der Quicktest-Kennzahlen

Zur besseren Verständlichkeit hier ein ausführliches Beispiel
zum Quicktest:

**Eingabeschema Bilanz-Daten (Werte in T€)**

| Bilanz | | 2001 | 2002 | 2003 | 2004 | 2005 |
|---|---|---|---|---|---|---|
| Flüssige Mittel | (FLM) | 30,0 | 30,0 | 30,0 | 30,0 | 30,0 |
| Vorräte | (VO) | 600,0 | 650,0 | 750,0 | 700,0 | 600,0 |
| Eigen-kapital | (EK) | 450,0 | 420,0 | 400,0 | 450,0 | 480,0 |
| Fremd-kapital | (FK) | 1.050,0 | 1.090,0 | 1.175,0 | 1.125,0 | 1.030,0 |
| **Gesamt-kapital** | (GK = EK+FK) | **1.500,0** | **1.510,0** | **1.575,0** | **1.575,0** | **1.510,0** |

## Eingabeschema GuV-Daten (Werte in T€)

| GuV | | 2001 | 2002 | 2003 | 2004 | 2005 |
|---|---|---|---|---|---|---|
| Gesamt-leistung | (GL) | 3.000,0 | 2.950,0 | 2.750,0 | 2.800,0 | 3.000,0 |
| Fremdkapital-zinsen | (FKZ) | 60,0 | 65,0 | 70,0 | 65,0 | 50,0 |
| Cashflow vor Steuern | (CF) | 340,0 | 295,0 | 145,0 | 250,0 | 320,0 |
| **Ergebnis der gewöhnlichen Geschäfts-tätigkeit** | (EGT) | **220,0** | **175,0** | **10,0** | **130,0** | **180,0** |

## Kennzahlenauswertung

| Kennzahlen | | 2001 | 2002 | 2003 | 2004 | 2005 |
|---|---|---|---|---|---|---|
| Eigenkapital-quote | $\frac{EK \times 100}{GK}$ | 30,0% | 27,8% | 25,4% | 28,6% | 31,8% |
| Schulden-tilgungsdau-er in Jahren | $\frac{FK - FLM}{CF}$ | 3,0 | 3,6 | 7,9 | 4,4 | 3,1 |
| Cashflow in % der GL | $\frac{CF \times 100}{GL}$ | 11,3% | 10,0% | 5,3% | 8,9% | 10,7% |
| GK-Rentabi-lität | $\frac{(EGT + FKZ) \cdot 100}{GK}$ | 18,7% | 15,9% | 5,1% | 12,4% | 15,2% |

## Beurteilung

| Beurteilung/Note | 2001 | 2002 | 2003 | 2004 | 2005 |
|---|---|---|---|---|---|
| Eigenkapitalquote | 2 | 2 | 2 | 2 | 1 |
| Schuldentilgungsdauer in Jahren | 2 | 2 | 3 | 2 | 2 |
| **Finanzielle Stabilität** | **2** | **2** | **2,5** | **2** | **1,5** |
| Cashflow in % der GL | 1 | 2 | 3 | 2 | 1 |
| GK-Rentabilität | 1 | 1 | 4 | 2 | 1 |
| **Ertragskraft** | **1** | **1,5** | **3,5** | **2** | **1** |
| **GESAMT** | **1,5** | **1,75** | **3** | **2** | **1,25** |

Beurteilung    (1 = sehr gut, 2 = gut, 3 = mittel,
4 = schlecht, 5 = insolvenzgefährdet)

# Grafische Darstellung der Kennzahlen

## Kennzahlen-Dashboard

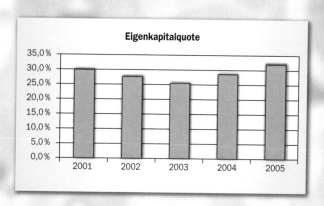

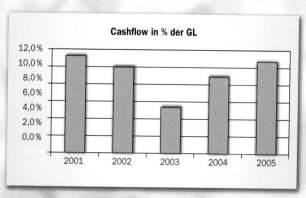

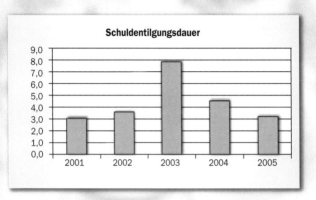

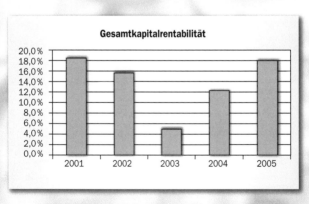

**Entwicklung der Eigenkapitalquote
der Jahre 2001–2003**

Die Eigenkapitalquote ist
◆ von 2001 auf 2002 von 30,0% auf 27,8%, d.h. um 2,2%,
◆ und von 2002 auf 2003 von 27,8% auf 25,4%, d.h. um
  2,4%, gesunken.

Angesichts der guten Ausgangsposition – Eigenkapitalquote
2001 – sind auch die Eigenkapitalquoten der Jahre 2002 und
2003 als „gut" zu bezeichnen. Allerdings gibt der Trend der
Jahre 2001–2003 Anlass zur Vorsicht.

| | 2001 | 2002 | AzV | 2003 | AzV |
|---|---|---|---|---|---|
| **Eigenkapitalquote** | **30,0%** | **27,8%** | | **25,4%** | |
| $\frac{\text{Eigenkapital}}{\text{Gesamtkapital}} \cdot 100$ | 450,0 1.500,0 | 420,0 1.510,0 | –6,7% 0,7% | 400,0 1.575,0 | –4,8% 4,3% |

Entwicklung der Eigenkapitalquote 2001–2003 (AzV=Abweichung
zum Vorjahr)

Sowohl im Jahr 2002 als auch im Jahr 2003 ist das Eigenkapital gegenüber Vorjahr zurückgegangen:
◆ Im Jahr 2002 betrug der Rückgang gegenüber Vorjahr
  30,0 T€ bzw. 6,7%.
◆ Im Jahr 2003 betrug der Rückgang gegenüber Vorjahr
  20,0 T€ bzw. 4,8%.

  Vermutlich erfolgten in diesen Jahren Gewinnent-
  nahmen, die nicht der aktuellen Gewinnsituation ent-
  sprachen.

Das Gesamtkapital ist sowohl im Jahr 2002 wie auch im
Jahr 2003 gegenüber Vorjahr angestiegen:
◆ Im Jahr 2002 erfolgte ein geringer Anstieg gegenüber
  Vorjahr um 10,0 T€ bzw. 0,7%.

◆ Im Jahr 2003 fiel der Anstieg gegenüber Vorjahr mit 65,0 T€ bzw. 4,3 % erheblich höher aus.

Ein Blick in den Eingabebereich der Bilanz macht ziemlich schnell deutlich, dass der Anstieg des Gesamtkapitalbedarfs auf eine Erhöhung des Vorratsvermögens zurückzuführen ist.

Auf der anderen Seite ist die Gesamtleistung (Betriebsleistung) sowohl im Jahr 2002 wie auch im Jahr 2003 gegenüber Vorjahr gefallen.
Hier ist eine Situation erkennbar, die man in der Praxis häufiger antrifft: Anstieg des Vorratsvermögens bei sinkender Betriebsleistung.
Solch eine Situation ist in den meisten Fällen darauf zurückzuführen, dass bei rückläufigem Umsatz (Betriebsleistung) die Einkaufsmengen und auch die Fertigwarenproduktion nicht oder nur mit zu großem Zeitversatz den veränderten Bedingungen angepasst werden.

## Entwicklung der Schuldentilgungsdauer in den Jahren 2001–2003

Die Schuldentilgungsdauer in Jahren ist
◆ von 2001 auf 2002 von 3,0 auf 3,6, d.h. um 0,6 Jahre, geringfügig angestiegen und
◆ von 2002 auf 2003 von 3,6 auf 7,9, d.h. um 4,3 Jahre, angestiegen.

| | 2001 | 2002 | AzV | 2003 | AzV |
|---|---|---|---|---|---|
| **Schuldentilgungs-dauer in Jahren** | 3,0 | 3,6 | | 7,9 | |
| Nettoschulden (FK–FLM) | 1.020,0 | 1.060,0 | 3,9% | 1.145,0 | 8,0% |
| Cashflow | 340,0 | 295,0 | –13,2% | 145,0 | –48,1% |

Entwicklung der Schuldentilgungsdauer 2001–2003
(AzV=Abweichung zum Vorjahr)

Angesichts der guten Ausgangsposition – Schuldentilgungsdauer 2001 – ist die Kennzahl für 2002 noch als „gut" zu bezeichnen, während die Schuldungstilgungsdauer für 2003 nur noch „mittel" ist.

Zu Gute kommt dem Unternehmen hier die relativ hohe Eigenkapitalquote oder andersherum ausgedrückt eine relativ geringe Fremdkapitalquote.

> Der Trend der Kennzahl Schuldentilgungsdauer der Jahre 2001–2003 ist jedoch als kritisch zu bezeichnen.

Sowohl im Jahr 2002 wie auch im Jahr 2003 sind die Nettoschulden gegenüber Vorjahr gestiegen:

◆ Im Jahr 2002 betrug der Anstieg gegenüber Vorjahr 40,0 T€ bzw. 3,9%.
◆ Im Jahr 2003 betrug der Anstieg gegenüber Vorjahr 85,0 T€ bzw. 8,0%.

Der Anstieg ist bedingt durch einen erhöhten Gesamtkapitalbedarf und gesunkenes Eigenkapital.

Der Cashflow ist sowohl im Jahr 2002 wie auch im Jahr 2003 gegenüber Vorjahr gesunken:

◆ Im Jahr 2002 erfolgte ein geringer Rückgang gegenüber Vorjahr um 45,0 T€ bzw. 13,2%.
◆ Im Jahr 2003 erfolgte ein starker Rückgang gegenüber Vorjahr um 150,0 T€ bzw. 48,1%.

Beim Cashflow wirkt sich die eklatante Ergebnisschwäche des Unternehmens – insbesondere im Jahr 2003 – aus.

### Entwicklung der Cashflow-Rate in den Jahren 2001–2003

Die Cashflow-Rate ist
◆ von 2001 auf 2002 von 11,3% auf 10,0%, d.h. um 1,3%, geringfügig gesunken und

◆ von 2002 auf 2003 von 10,0% auf 5,3%, d.h. um 4,7%, zurückgegangen.

| | 2001 | 2002 | AzV | 2003 | AzV |
|---|---|---|---|---|---|
| **Cashflow-Rate** | **11,3%** | **10,0%** | | **5,3%** | |
| Cashflow (absolut) · 100 | 340,0 | 295,0 | −13.2% | 145,0 | −48,1% |
| Betriebs- leistung | 3.000,0 | 2.950,0 | −1,7% | 2.750,0 | −6,8% |

Entwicklung der Cashflow-Rate 2001–2003 (AzV=Abweichung zum Vorjahr)

Die Kennzahl für 2002 kann noch als „gut" bezeichnet werden, während die Kennzahl für 2003 nur noch als „mittel" bezeichnet werden kann.

Besorgniserregend ist allerdings der Trend der Kennzahl Cashflow-Rate in den Jahren 2001–2003.

Sowohl im Jahr 2002 wie auch im Jahr 2003 ist der Cashflow (absolut) gegenüber Vorjahr gesunken:
◆ Im Jahr 2002 betrug der Rückgang gegenüber Vorjahr 45,0 T€ bzw. 13,2%.
◆ Im Jahr 2003 betrug der Rückgang gegenüber Vorjahr 150,0 T€ bzw. 48,1%.

Der Rückgang des Cashflows ist bedingt durch den erheblichen Ergebnisrückgang, insbesondere 2003.
Die Betriebsleistung ist
◆ im Jahr 2002 um 50,0 T€ bzw. 1,7% und
◆ im Jahr 2003 um 200,0 T€ bzw. 6,8% zurückgegangen.

Da der Cashflow (absolut) gegenüber Vorjahr wesentlich stärker zurückgegangen ist als die Betriebsleistung, wirkt sich dies ebenfalls negativ auf die Entwicklung der Cashflow-Rate aus.

## Entwicklung der Gesamtkapitalrentabilität in den Jahren 2001–2003

Die Gesamtkapitalrentabilität ist
◆ von 2001 auf 2002 von 18,7% auf 15,9%, d.h. um 2,8%, geringfügig gesunken und
◆ von 2002 auf 2003 von 15,9% auf 5,1%, d.h. um 10,8%, zurückgegangen.

| | 2001 | 2002 | AzV | 2003 | AzV |
|---|---|---|---|---|---|
| **Gesamtkapital-rentabilität** | **18,7%** | **15,9%** | | **5,1%** | |
| $\dfrac{\text{EGT + FKZ}}{\text{Gesamt-kapital}} \cdot 100$ | 280,0 | 240,0 | −14,3% | 80,0 | −66,7% |
| | 1.500,0 | 1.510,0 | 0,7% | 1.575,0 | 4,3% |

Entwicklung der Gesamtkapitalrentabilität 2001–2003
(AzV=Abweichung zum Vorjahr)

Die Kennzahlen für 2001 und auch für 2002 können als „sehr gut" bezeichnet werden, während die Kennzahl für 2003 nur noch als „schlecht" zu bewerten ist.
Dieses praxisnahe Beispiel zeigt insbesondere auf, wie sich Kennzahlen innerhalb recht kurzer Zeit erheblich verändern können.

Sowohl im Jahr 2002 wie auch im Jahr 2003 ist das Ergebnis aus der gewöhnlichen Geschäftstätigkeit gegenüber Vorjahr gesunken:
◆ Im Jahr 2002 betrug der Rückgang gegenüber Vorjahr 40,0 T€ bzw. 14,3%.
◆ Im Jahr 2003 betrug der Rückgang gegenüber Vorjahr 160,0 T€ bzw. 66,7%.

Offensichtlich sind hier bei sinkender Betriebsleistung (Gesamtleistung) rechtzeitige Anpassungen im Kostenbereich unterblieben.

Das Gesamtkapital ist sowohl im Jahr 2002 wie auch im Jahr 2003 gegenüber Vorjahr gestiegen:

◆ Im Jahr 2002 betrug der Anstieg gegenüber Vorjahr 10,0 T€ bzw. 0,7 %.

◆ Im Jahr 2003 betrug der Anstieg gegenüber Vorjahr 65,0 T€ bzw. 4,3 %.

Die Gründe für den gestiegenen Gesamtkapitalbedarf wurden an anderer Stelle dargelegt.

Sowohl der Ergebnisrückgang als auch der Anstieg des Gesamtkapitals wirken sich negativ auf die Kennzahl Gesamtkapitalrendite aus.

# Auf den Punkt gebracht:

◆ Zur Beurteilung der Kapitalkraft des Unternehmens wird die Kennzahl Eigenkapitalquote herangezogen. Eine hohe Eigenkapitalquote bedeutet einen hohen Unabhängigkeitsgrad und finanzielle Sicherheit.

◆ Der Cashflow zeigt auf, inwieweit sich das Unternehmen von innen heraus finanzieren kann (Innenfinanzierungspotenzial). Ein niedriger Cashflow hat negative Auswirkung auf die Kreditwürdigkeit sowie auf das Wachstumspotenzial des Unternehmens.

◆ Die Gesamtkapitalrendite zeigt, wie sich das im Unternehmen investierte Gesamtkapital verzinst, und macht damit die Rentabilitätssituation des Unternehmens transparent. Die Gesamtkapitalrendite muss mindestens so hoch sein, dass die Verzinsungsansprüche der Fremdkapital- und Eigenkapitalgeber abgedeckt werden.

◆ Die Schuldentilgungsdauer dient der Beurteilung des Schuldentilgungspotenzials, d.h. der Fähigkeit des Unternehmens, die Schulden über den erwirtschafteten Cashflow in einem überschaubaren Zeitraum zurückzuzahlen.

◆ Da die Eigenkapitalquote deutscher Unternehmen seit Jahren rückläufig ist, erhält die Kennzahl Schuldentilgungsdauer ein hohes Gewicht als Bonitätskriterium.

◆ Es reicht nicht aus, die Kennzahlen lediglich zu ermitteln. Die Hintergründe müssen intensiv analysiert werden, damit man gezielt auf die Kennzahlen Einfluss nehmen kann.

# 3 Differenziertes Rentabilitäts- und Liquiditätskennzahlen- system

## Umfassende Analyse und Beurteilung der Rentabilitäts- und Liquiditätssituation

### 3.1 Rentabilitätskennzahlen/Erfolgskennzahlen

Rentabilitäts- und Erfolgskennzahlen machen die rentabilitäts- und erfolgswirksamen Faktoren des Unternehmens transparent und damit steuerbar.

### Umsatzrendite (Umsatzrentabilität)

$$\text{Umsatzrendite} = \frac{\text{Betriebsergebnis} \cdot 100}{\text{Gesamtleistung (Umsatz)}}$$

### Kennzahlenaussage

Die Umsatzrendite drückt aus, wie viel Prozent der Gesamtleistung als Ergebnis übrig bleiben.

Die Kennzahl informiert über den Erfolg der operativen Tätigkeit, die durch die Vermarktung der Produkte oder Dienstleistungen am Markt erzielt wurde.
Die Umsatzrendite wird von zahlreichen Unternehmen als Schlüsselkennzahl verwendet. Sie ist eine für Controllingzwecke gut einsetzbare Kennzahl. Insbesondere eignet sie sich als Zielkennzahl und als „Schrittmacher" für Optimierungsprogramme zur Verbesserung der Unternehmensrentabilität.

Außerdem hat diese Kennzahl einen wesentlichen Einfluss auf die Gesamtkapitalrentabilität bzw. den RoI (Return on Investment).

## Kennzahlenermittlung

Als Ergebnisgrößen können alternativ verwendet werden:

- Unternehmensgesamtergebnis
- EBIT (Earnings before Interest and Tax)
- Ergebnis aus der gewöhnlichen Geschäftstätigkeit
- Betriebsergebnis (operatives Ergebnis)

Für ein internes Controlling mit Kennzahlen empfiehlt sich die Verwendung des Betriebsergebnisses.

Das Ergebnis kann zur Ermittlung der Umsatzrendite entweder auf den Umsatz oder alternativ auf die Gesamtleistung bezogen werden. Von Unternehmen, die ihre Gewinn- und Verlustrechnung nach dem Gesamtkostenverfahren erstellen, wird in der Regel die Gesamtleistung als Bezugsgröße verwendet.

## Ansatzpunkte für eine Verbesserung der Umsatzrendite

Ein Verbesserung der Umsatzrendite lässt sich über Verbesserungen auf der Umsatz-/Leistungsseite, über Produktmix- und über Kostenoptimierungen erreichen.

- Verbesserungen auf der Umsatz- bzw. Leistungsseite:
  Verbesserungen auf der Umsatz-/Leistungsseite lassen sich realisieren, wenn Sie Ihren jetzigen und potenziellen Kunden bessere Leistungen bieten als der Wettbewerb. Dabei kann es sich um besondere Problemlösungen (Produktdifferenzierung) oder Serviceleistungen handeln.

  Entscheidend für eine Optimierung der Umsatz-/Leistungsseite sind insbesondere die strategische Positionierung, ein aktives Marketing sowie eine ausgezeichnete Beziehung zu bestehenden und potenziellen Kunden.

◆ Optimierung des Produktmixes:
Durch eine aktive Steuerung des Produktmixes, d.h. gezielte Forcierung ertragsstarker Produkte, lässt sich häufig eine deutliche Verbesserung der Umsatzrendite erreichen. In vielen Unternehmen ist in diesem Punkt jedoch ein generelles Umdenken erforderlich: Vom „Umsatzdenken" zum „Ertragsdenken".

◆ Verbesserungen auf der Kosten- bzw. Aufwandseite:
Geeignete Maßnahmen sind bespielsweise
– Senkung der Materialaufwandsquote
– Senkung der Personalaufwandsquote
– Senkung der Zinsaufwandsquote
Hierauf wird an späterer Stelle noch detailliert eingegangen.

## Kapitalumschlag

$$\text{Kapitalumschlag} = \frac{\text{Gesamtleistung (Umsatz)}}{\text{Investiertes Kapital}}$$

### Kennzahlenaussage
Die Kennzahl Kapitalumschlag drückt aus, wie viel mal pro Jahr sich das „investierte Kapital" umschlägt.
Der Kapitalumschlag hat erhebliche Auswirkung auf die Kapitalrentabilität des Unternehmens. Wenn nach Wegen zur Verbesserung der Kapitalrentabilität gesucht wird, dürfen deshalb Maßnahmen zur Verbesserung des Kapitalumschlages keinesfalls unberücksichtigt bleiben.

### Kennzahlenermittlung
Zur Ermittlung des Kapitalumschlages wird die Gesamtleistung durch das investierte Kapital dividiert.
Die Gesamtleistung wird der Gewinn- und Verlustrechnung entnommen. Das investierte Kapital entspricht der Bilanzsumme.

**Ansatzpunkte für eine Verbesserung des Kapitalumschlages**

Ein Verbesserung des Kapitalumschlages lässt sich durch eine Reduzierung der Kapitalbindung erreichen. Diese kann durch folgende Maßnahmen herbeigeführt werden:

◆ Reduzierung der Kapitalbindung im Anlagevermögen:
Eine Reduzierung der Kapitalbindung im Anlagevermögen lässt sich insbesondere durch Leasing (statt Kauf) von Anlagen erreichen.
Eine Entscheidung über Anlagenleasing darf allerdings nicht einseitig unter dem Gesichtspunkt der Kapitalbindung erfolgen.

Es sollte hier auf jeden Fall eine Vergleichsrechnung Kauf versus Leasing erstellt werden, um die Wirtschaftlichkeit der Alternativen transparent zu machen.

Mittel- und langfristig lässt sich eine Reduzierung der Kapitalbindung im Anlagevermögen auch über eine Verringerung der Fertigungstiefe erreichen.

◆ Verbesserte Anlagenauslastung:
Eine verbesserte Anlagenauslastung hat zur Folge, dass bei gleich bleibender Kapitalbindung eine höhere Gesamtleistung erzielt wird, die dann zu einem verbesserten Kapitalumschlag führt.

◆ Reduzierung des Vorratsvermögens:
Hier kann es sich im Einzelnen handeln um Reduzierungen in den Bereichen:
– Roh-, Hilfs- und Betriebsstoffe
– unfertige Erzeugnisse, unfertige Leistungen
– fertige Erzeugnisse und Waren

Weitere Kennzahlen zur Analyse und Steuerung der Kapitalbindung im Vorratsvermögen werden an späterer Stelle noch behandelt.

◆ Reduzierung des Debitorenbestandes:
Durch ein intensiveres Debitorenmanagement (Debitorenkontrolle) lässt sich häufig eine Reduzierung des Debitorenbestandes und damit eine Reduzierung des gebundenen Kapitals erreichen.

## Return on Investment – RoI
## (Gesamtkapitalrentabilität)

$$\text{Return on Investment (RoI)} = \frac{\text{Betriebsergebnis + FK-Zinsen} \cdot 100}{\text{Investiertes Kapital}}$$

anders:

$$\text{Return on Investment} = \text{Umsatzrendite} \cdot \text{Kapitalumschlag}$$

$$\frac{\text{Betriebsergebnis + FK-Zinsen} \cdot 100}{\text{Umsatz}} \qquad \frac{\text{Umsatz}}{\text{Investiertes Kapital}}$$

### Kennzahlenaussage

Der Return on Investment zeigt, wie sich das im Unternehmen eingesetzte Gesamtkapital, unabhängig von seiner Herkunft (Eigen- oder Fremdkapital), verzinst. Er hat damit eine hohe Aussagekraft hinsichtlich der Rentabilität bzw. Ertragskraft des Unternehmens.

Diese Kennzahl ist eine der wichtigsten Kennzahlen und wird häufig von Kennzahlensystemen als so genannte „Spitzenkennzahl" verwendet.

> Der Return on Investment eines Unternehmens muss mindestens so hoch sein, dass die Verzinsungsansprüche der Fremdkapital- und Eigenkapitalgeber abgedeckt werden.

### Kennzahlenermittlung

Die Kennzahl Return on Investment kann auf zwei Arten ermittelt werden:

◆ Direkte Ermittlung des RoI
Auf die direkte Art wird der RoI ermittelt, indem man dem Betriebsergebnis zunächst die Fremdkapital-Zinsen hinzuaddiert und den so ermittelten Wert durch das investierte Kapital dividiert.

---

**Praxistipp**

In der Praxis wird zur Ermittlung des RoI oft das Ergebnis nicht um die Fremdkapitalzinsen bereinigt, sondern es wird einfach gerechnet: Betriebsergebnis/Investiertes Kapital.
Diese Art der Ermittlung ist logisch falsch. Soll die Verzinsung des Gesamtkapitals dargestellt werden, darf das Ergebnis, das der Ermittlung der Verzinsung zugrunde gelegt wird, nicht bereits durch die Fremdkapitalzinsen vermindert sein.

---

◆ Indirekte Ermittlung des RoI
Die Ermittlung des RoI (Gesamtkapitalrendite) kann ebenso auf die indirekte Art erfolgen, indem man die Umsatzrendite mit dem Kapitalumschlag multipliziert.
Die indirekte Ermittlung des RoI macht transparent, inwieweit Veränderungen des RoI auf Veränderungen der Umsatzrendite oder auf Veränderungen des Kapitalumschlages zurückzuführen sind.

Der Return on Investment (RoI) wird demnach bestimmt durch
– die Höhe des je Umsatzeinheit erwirtschafteten Gewinns (=Umsatzrendite)
– die Höhe des mit einer Kapitaleinheit erzielten Umsatzes (=Kapitalumschlag).

### Ansatzpunkte für eine Verbesserung des Return on Investment (RoI)

Ein Verbesserung des Return on Investment lässt sich einerseits durch eine Steigerung der Umsatzrendite, zum anderen durch eine Erhöhung des Kapitalumschlages erreichen. Da mögliche Maßnahmen zur Steigerung der Umsatzrendite und zur Erhöhung des Kapitalumschlages bereits bei der Darstellung dieser Kennzahlen aufgezeigt wurden, wird hier nicht näher darauf eingegangen.

## Eigenkapitalrentabilität

$$\text{Eigenkapitalrentabilität} = \frac{\text{Betriebsergebnis} \cdot 100}{\text{Eigenkapital}}$$

## Kennzahlenaussage

Die Kennzahl Eigenkapitalrentabilität zeigt, wie sich das im Unternehmen eingesetzte Eigenkapital verzinst.

Die Höhe der Eigenkapitalrendite hängt ab
◆ von der Höhe des Betriebsergebnisses und der Höhe des eingesetzten Eigenkapitals,
◆ von der Höhe der erzielten Gesamtkapitalrendite,
◆ von der Differenz der erzielten Gesamtkapitalrendite zum Fremdkapitalzins,
◆ vom Verhältnis zwischen Eigen- und Fremdkapital.

Das Verhältnis von Eigenkapitalrendite und Gesamtkapitalrendite wird als Leverage-Effekt bezeichnet. Dieser Leverage-Effekt bedeutet, dass eine Hebelwirkung zwischen Eigenrentabilität und Gesamtkapitalrentabilität besteht.

Ist die Gesamtkapitalrentabilität des Unternehmens höher als der Fremdkapitalzins, steigt die Eigenkapitalrentabilität mit steigendem Fremdkapitalanteil.

Der Leverage-Effekt durch Erhöhung des Fremdkapitalanteils findet natürlich seine Grenzen in der Bereitschaft der Fremdkapitalgeber, zusätzliches Kapital zur Verfügung zu stellen.
Liegt die Gesamtkapitalrendite des Unternehmens unter dem Fremdkapitalzinssatz, wirkt sich der Leverage-Effekt negativ auf die Höhe der Eigenkapitalrendite aus.

## Kennzahlenermittlung

Die Kennzahl Eigenkapitalrendite wird ermittelt, indem das Betriebsergebnis in Beziehung gesetzt wird zum Eigenkapital.

Das Betriebsergebnis wird der Erfolgsrechnung, das Eigenkapital der Bilanz entnommen.

## Ansatzpunkte für eine Verbesserung der Eigenkapitalrentabilität

Ein Verbesserung des Eigenkapitalrentabilität lässt sich erreichen durch:

♦ ein verbessertes Betriebsergebnis,
♦ eine Reduzierung des investierten Kapitals,
♦ eine verbesserte Gesamtkapitalrendite,
♦ einen niedrigeren Fremdkapitalzinsaufwand,
♦ ein verändertes Verhältnis zwischen Eigen- und Fremdkapital.

## Cashflow in % der Betriebsleistung (Gesamtleistung)

$$\text{Cashflow in \% der Betriebsleistung (Gesamtleistung)} = \frac{\text{Cashflow} \cdot 100}{\text{Betriebsleistung (Gesamtleistung)}}$$

Der Cashflow ist ein wichtiger Indikator für die finanzielle Leistungsfähigkeit eines Unternehmens. Näheres hierzu kann im Kapitel 2 nachgelesen werden.

## Deckungsbeitrag (DB) in % der Betriebsleistung

$$\text{DB 1 in \% der Betriebsleistung (Gesamtleistung)} = \frac{\text{DB 1} \cdot 100}{\text{Betriebsleistung (Gesamtleistung)}}$$

## Kennzahlenaussage

Die Kennzahl Deckungsbeitrag in % der Betriebsleistung zeigt auf, wie viel Prozent der gesamten Betriebsleistung

nach Abzug der variablen Kosten zur Abdeckung der Fixkosten übrig bleiben.
Der Deckungsbeitrag – obwohl lange Zeit umstritten – hat sich inzwischen als eine der wichtigsten Steuerungsgrößen entwickelt.

> Ziel ist es, von der Betriebsleistung einen möglichst großen Teil zur Deckung der Fixkosten zur Verfügung zu haben.

Die Kennzahl Deckungsbeitrag in % der Betriebsleistung unterstützt eine Ergebnisanalyse und macht erkennbar, ob Ergebnisveränderungen eher durch Veränderungen bei den Erlösen bzw. variablen Kosten oder bei den Fixkosten ausgelöst worden sind.

### Kennzahlenermittlung

Zur Ermittlung des Deckungsbeitrags in % der Betriebsleistung muss zunächst der absolute Deckungsbeitrag berechnet werden. Dieser wird berechnet, indem von den Umsatzerlösen die variablen (leistungsabhängigen) Kosten abgezogen werden.
Der so ermittelte absolute Deckungsbeitrag wird dann ins Verhältnis gesetzt zur Betriebsleistung.

| Beispiel: Interne Gewinn- und Verlustrechnung | |
|---|---:|
| Umsatzerlöse | 3.000 |
| Bestandsveränd. (BV) fertige/unfertige Erzeugnisse | – |
| sonstige betriebliche Erträge | – |
| *Betriebsleistung gesamt* | *3.000* |
| Wareneinsatz/Fremdleistungen | 1.500 |
| Personalkosten variabel | 300 |
| sonstige variable Kosten | |
| *– Variable Kosten* | *1.800* |
| = Deckungsbeitrag (absolut) | 1.200 |
| ⇨ **Deckungsbeitrag in % der Betriebsleistung** | **40 %** |

## Ansatzpunkte für eine Verbesserung des Deckungsbeitrags in % der Betriebsleistung

Ein Verbesserung des Deckungsbeitrags in % der Betriebsleistung lässt sich erreichen durch:

◆ höhere Verkaufspreise bzw. niedrigere Rabatte,
◆ Forcierung deckungsbeitragsstarker Produkte,
◆ niedrigere Einkaufspreise,
◆ wertanalytische Maßnahmen,
◆ Steigerung der Personalproduktivität.

### Fixkostenanteil (Fixe Kosten in % der Betriebsleistung)

$$\text{Fixkostenanteil} = \frac{\text{Fixkosten} \cdot 100}{\text{Betriebsleistung}}$$

### Kennzahlenaussage

Die Kennzahl Fixkostenanteil zeigt auf, wie viel Prozent die Fixkosten gemessen an der Betriebsleistung ausmachen.

Eine besondere Aussagekraft erhält diese Kennzahl, wenn man sie mit dem Deckungsbeitrag in % der Betriebsleistung vergleicht. Durch Gegenüberstellung dieser Kennzahlen lässt sich die Umsatzrendite ermitteln. Eine Verbesserung der Umsatzrendite ist daher nur möglich über eine

◆ Erhöhung des Deckungsbeitrages in % der Betriebsleistung
◆ oder die Senkung des Fixkostenanteils (Fixkosten in % der Betriebsleistung).

**Kennzahlenermittlung**

Zur Ermittlung des Fixkostenanteils wird die Summe der Fixkosten auf die Betriebsleistung bezogen.

**Ansatzpunkte für eine Verbesserung des Fixkostenanteils**

Ein Verbesserung des Fixkostenanteils lässt sich erreichen durch:

◆ Intensivierung des Kostencontrollings,
◆ Prozessoptimierung,
◆ Reorganisation/Strukturänderungen,
◆ Outsourcing/Insourcing,
◆ Produktivitätssteigerungen,
◆ Gemeinkostenwertanalyse (Overhead Value Analysis),
◆ Senkung der Einkaufskosten für Gemeinkostenmaterial und Dienstleistungen.

## Materialkostenanteil (Materialintensität)

$$\text{Materialkostenanteil} = \frac{\text{Materialeinsatz/Fremdleistungen} \cdot 100}{\text{Betriebsleistung}}$$

**Kennzahlenaussage**

Die Kennzahl Materialkostenanteil zeigt auf, wie viel Prozent die Materialkosten gemessen an der Betriebsleistung ausmachen.

Stark schwankende Materialkostenanteile sollten gründlich analysiert werden.

Zunächst ist zu prüfen, ob die Veränderungen auf eine veränderte Vorgehensweise bei der Bewertung des Vorratsvermögens zurückzuführen sind.

Weitere mögliche Gründe für eine Veränderung des Materialkostenanteils sind:

◆ Verschiebungen im Produktionsprogramm,
◆ wertanalytische Maßnahmen,

- ◆ Verringerung des Materialausschusses,
- ◆ veränderte Einkaufspreise,
- ◆ Wechsel zwischen Eigenfertigung und Fremdbezug.

## Kennzahlenermittlung

Die Kennzahl Materialkostenanteil wird ermittelt, indem man den Materialeinsatz durch die Betriebsleistung dividiert.

Der Materialkostenanteil lässt sich bei Bedarf aufteilen in:
- ◆ Kostenanteil Roh-, Hilfs- und Betriebsstoffe und bezogene Waren
- ◆ und Kostenanteil bezogene Leistungen.

## Ansatzpunkte für eine Verbesserung des Materialkostenanteils

Ein Verbesserung des Materialkostenanteils lässt sich erreichen durch:
- ◆ günstigere Einkaufspreise (Senkung der Einkaufskosten),
- ◆ wertanalytische Maßnahmen zur Reduzierung des Materialeinsatzes bzw. zum Einsatz alternativer, preisgünstigerer Materialien,
- ◆ Verringerung des Materialausschusses.

## Personalkostenanteil (Personalintensität)

$$\text{Personalkostenanteil} = \frac{\text{Personalkosten} \cdot 100}{\text{Betriebsleistung}}$$

## Kennzahlenaussage

Die Kennzahl Personalkostenanteil zeigt auf, wie viel Prozent die Personalkosten gemessen an der Betriebsleistung ausmachen.

Es handelt sich hierbei – insbesondere in Produktionsunternehmen – um eine bedeutende Kostenposition. In zahlreichen

Unternehmen gehört die Senkung des Personalkostenanteils wegen bereits eingetretener bzw. zu erwartender Ergebnisschwäche augenblicklich zu den Hauptzielsetzungen.

### Kennzahlenermittlung
Die Kennzahl Personalkostenanteil wird ermittelt, indem man die Personalkosten durch die Betriebsleistung dividiert.

Wenn im Unternehmen die Personalkosten entsprechend aufgeteilt werden, lassen sich zu dieser Kennzahl zwei Unterkennzahlen bilden, nämlich:
◆ Personalkostenanteil fix
◆ Personalkostenanteil variabel

### Ansatzpunkte für eine Verbesserung des Personalkostenanteils
Ein Verbesserung des Personalkostenanteils lässt sich erreichen durch:
◆ Erhöhung der Personalproduktivität,
◆ Verbesserung der Personalauslastung,
◆ Optimierung der Arbeitsabläufe,
◆ Reduzierung administrativer Tätigkeiten,
◆ Automatisierung und Rationalisierung,
◆ Fremd- statt Eigenfertigung.

### Fremdkapitalzinsen in % der Betriebsleistung

$$\text{Fremdkapitalzinsen in \% der Betriebsleistung} = \frac{\text{Fremdkapitalzinsen} \cdot 100}{\text{Betriebsleistung}}$$

### Kennzahlenaussage
Die Kennzahl Fremdkapitalzinsen in % des Umsatzes (Betriebsleistung) gibt Auskunft darüber, welchen Anteil die Fremdkapitalzinsen gemessen an der Betriebsleistung ausmachen.

Die Kennzahl wird bestimmt durch die durchschnittliche Kredithöhe und die Kreditkonditionen, wobei die Kredithöhe sich aus dem Kapitalbedarf des Unternehmens ableitet.

**Kennzahlenermittlung**

Die Kennzahl Fremdkapitalzinsen in % der Betriebsleistung wird gebildet, indem man den Zinsaufwand durch die Betriebsleistung dividiert.

**Ansatzpunkte für eine Verbesserung der Kennzahl Fremdkapitalzinsen in % der Betriebsleistung**

Ein Verbesserung dieser Kennzahl lässt sich erreichen durch:

- Senkung des Gesamtkapitalbedarfs,
- Stärkung des Eigenkapitals,
- Überprüfung und Neuverhandlung von Kreditkonditionen,
- alternative Finanzierungsformen.

Maßnahmen zur Senkung des Gesamtkapitalbedarfs und zur Stärkung des Eigenkapitals wurden bereits an anderer Stelle ausführlich dargelegt.

### Abschreibungen in % der Betriebsleistung

$$\text{Abschreibungen in \% der Betriebsleistung} = \frac{\text{Abschreibungen} \cdot 100}{\text{Betriebsleistung}}$$

**Kennzahlenaussage**

Die Kennzahl Abschreibungen in % der Betriebsleistung gibt Auskunft darüber, welchen Anteil die Abschreibungen gemessen an der Betriebsleistung ausmachen.

Ungünstige Werte sind häufig bedingt durch Fehlinvestitionen oder eine schlechte Anlagenauslastung. Relativ nied-

rige Abschreibungen in % der Betriebsleistung können u.a. durch geleaste Anlagegüter erklärbar sein.
Außerdem kann die „Abschreibungspolitik" des Unternehmens Auswirkung auf diese Kennzahl haben.

Kennzahlenermittlung
Die Kennzahl Abschreibungen in % der Betriebsleistung wird ermittelt, indem man die Abschreibungen auf Anlagen auf die Betriebsleistung bezieht.
Beide Basisdaten können der Gewinn- und Verlustrechnung entnommen werden.

**Ansatzpunkte für eine Verbesserung der Kennzahl Abschreibungen in % der Betriebsleistung**
Ein Verbesserung dieser Kennzahl lässt sich erreichen durch:
◆ Vermeidung von „Fehlinvestitionen" durch Wirtschaftlichkeitsrechnungen,
◆ Verbesserung der Anlagenauslastung (Optimierung der Leistungsseite).

**Betriebsleistung je Euro Personalaufwand**

$$\text{Betriebsleistung je Euro Personalaufwand} = \frac{\text{Betriebsleistung (Gesamtleistung)}}{\text{Personalaufwand}}$$

**Kennzahlenaussage**
Die Betriebsleistung je Euro Personalaufwand zeigt, welche Leistung durch den Einsatz eines Euro Personalaufwand erbracht wird.

Diese Kennzahl wird eingesetzt zur Beurteilung der Personalproduktivität. Der Nachteil dieser Kennzahl liegt darin, dass sie auch bei einem Wechsel zwischen Eigenfertigung und Fremdbezug Veränderungen zeigt, die jedoch nichts zu tun haben mit Produktivitätsveränderungen.

### Kennzahlenermittlung

Die Kennzahl wird ermittelt, indem man die Betriebsleistung dividiert durch die Gesamtpersonalkosten, d.h. einschließlich Nebenkosten.

### Ansatzpunkte für eine Verbesserung der Kennzahl Betriebsleistung je Euro Personalaufwand

Eine Verbesserung der Kennzahl lässt sich erreichen durch:

◆ Erhöhung der Personalproduktivität,
◆ Verbesserung der Personalauslastung,
◆ Optimierung der Arbeitsabläufe,
◆ Reduzierung administrativer Tätigkeiten,
◆ Automatisierung und Rationalisierung,
◆ Fremd- statt Eigenfertigung.

### Wertschöpfung je Euro Personalaufwand

$$\frac{\text{Wertschöpfung je €}}{\text{Personalaufwand}} = \frac{\text{Betriebsleistung} - \text{Mat.einsatz/Fremdleist.}}{\text{Personalaufwand}}$$

### Kennzahlenaussage

Die Kennzahl Wertschöpfung je Euro Personalaufwand zeigt, welche Wertschöpfung durch den Einsatz eines Euro Personalaufwand erbracht wird.

Diese Kennzahl eliminiert die Schwächen der Kennzahl „Betriebsleistung je Euro Personalaufwand", indem von der Betriebsleistung zunächst der Materialeinsatz und die Fremdleistungen abgezogen werden und die so ermittelte Wertschöpfung auf den Personalaufwand bezogen wird.
Diese Kennzahl hat sich in den letzten Jahren zur Beurteilung der Personalproduktivität immer stärker durchgesetzt.

### Kennzahlenermittlung

Die Kennzahl wird ermittelt, indem im ersten Schritt die Wertschöpfung ermittelt wird. Hierzu wird von der

Betriebsleistung der Materialeinsatz bzw. die Fremdleistungen abgezogen. Die so ermittelte Wertschöpfung dividiert man dann durch den gesamten Personalaufwand.

### Ansatzpunkte für eine Verbesserung der Kennzahl Wertschöpfung je Euro Personalaufwand

Eine Verbesserung der Kennzahl lässt sich erreichen durch:

◆ Erhöhung der Personalproduktivität,
◆ Optimierung der Arbeitsabläufe,
◆ Reduzierung administrativer Tätigkeiten,
◆ Automatisierungs- und Rationalisierungsmaßnahmen.

### Break-even-Punkt

$$\text{Break-even-Punkt} = \frac{\text{Fixe Kosten} \cdot 100}{\text{DB 1 in \% v. Umsatz (Betriebsleistung)}}$$

### Kennzahlenaussage

Der Break-even-Punkt macht eine Aussage darüber,

◆ bis zu welchem Umsatz (Betriebsleistung) das Unternehmen Verlust macht,
◆ bei welchem Umsatz das Unternehmen weder Gewinn noch Verlust macht (Break-even-Punkt bzw. Gewinnschwelle),
◆ ab welchem Umsatz das Unternehmen Gewinne erzielt.

Die Kennzahl erhält besondere Aussagekraft durch einen Vergleich mit den Ist- bzw. Plan-Umsätzen des Unternehmens. Das Ergebnis eines solchen Vergleichs wird anhand der Kennzahlen Sicherheitsabstand und Sicherheitsgrad transparent gemacht.

### Kennzahlenermittlung

Der Break-even-Punkt wird ermittelt, in dem man die Fixkosten durch den Deckungsbeitrag in % vom Umsatz (DBU) dividiert.

| Beispiel: Erfolgsrechnung 2005 in T€ | Wert | % |
|---|---|---|
| *Betriebsleistung* | **2.850** | **100,0 %** |
| Wareneinsatz/Fremdleistungen | 1.375 | 48,2 % |
| Personalkosten variabel | 290 | 10,2 % |
| sonst. variable Kosten | – | – |
| *– variable Kosten gesamt* | **1.665** | **58,4 %** |
| *= Deckungsbeitrag* | **1.185** | **41,6 %** |
| Personalkosten fix | 325 | 11,4 % |
| Fremdkapitalzinsen | 60 | 2,1 % |
| sonstige Fixkosten | 500 | 17,5 % |
| Abschreibung | 120 | 4,2 % |
| *– fixe Kosten gesamt* | **1.005** | **35,3 %** |
| *= Ergebnis vor ESt.* | **180** | **6,3 %** |
| ⇨ **Break-even-Punkt** | 2.416 | |

## Ansatzpunkte für eine Verbesserung der Kennzahl Break-even-Punkt

Eine Optimierung des Break-even-Punktes ist möglich durch:

◆ eine Verbesserung des Deckungsbeitrages durch Senkung der Materialaufwandsquote und Personalaufwandsquote variabel,

◆ Optimierung des Deckungsbeitrages durch eine veränderte Preis- und Konditionenpolitik,

◆ Optimierung des Deckungsbeitragsvolumens durch Forcierung von Produkten mit überdurchschnittlichem Deckungsbeitrag,

◆ eine Reduzierung des Fixkostenblockes durch Senkung von Personal- und Sachkosten.

## Sicherheitsabstand und Sicherheitsgrad

Sicherheitsabstand = Umsatz (Betriebsleistung) – Break-even-Punkt

$$\text{Sicherheitsgrad} = \frac{\text{Sicherheitsabstand} \cdot 100}{\text{Umsatz (Betriebsleistung)}}$$

## Kennzahlenaussage

Die Kennzahl Sicherheitsabstand zeigt auf, wie weit das Unternehmen über dem Umsatz liegt, der zur Erzielung eines ausgeglichenen Ergebnisses erforderlich ist. Die Kennzahl Sicherheitsgrad zeigt auf, um wie viel Prozent der Umsatz bei gegebener Kosten-Leistungs-Struktur zurückgehen darf, bevor das Unternehmen in die Verlustzone gerät.
Beide Kennzahlen machen insbesondere die Sensibilität des Unternehmens gegenüber Umsatzrückgängen sichtbar.

## Kennzahlenermittlung

Die Kennzahl Sicherheitsabstand wird ermittelt, indem vom Ist-Umsatz der Break-even-Punkt subtrahiert wird.
Zur Ermittlung der Kennzahl Sicherheitsgrad wird der Sicherheitsabstand in Prozent des Umsatzes ausgedrückt.

**Beispiel: Erfolgsrechnung 2005 in T€**

|  | Wert | % |
|---|---|---|
| **Betriebsleistung** | **2.850** | **100,0 %** |
| **Deckungsbeitrag** | **1.185** | **41,6 %** |
| **Fixe Kosten gesamt** | **1.005** | **35,3 %** |
| **= Ergebnis vor ESt.** | **180** | **6,3 %** |
| **Break-even-Punkt** | **2.415** |  |
| ⇨ Sicherheitsabstand | 435 | |
| ⇨ Sicherheitsgrad | 15,3 % | |

## Ansatzpunkte für eine Verbesserung der Kennzahlen Sicherheitsabstand und Sicherheitsgrad

Hier ist eine Optimierung möglich durch:
- ◆ eine Verbesserung des Deckungsbeitrages (Details s.o.),
- ◆ eine Reduzierung des Fixkostenblockes durch Senkung von Personal- und Sachkosten,
- ◆ eine Erhöhung des Umsatzes.

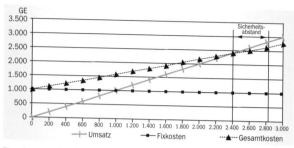

Break-even-Analyse

## 3.2 Finanzierungskennzahlen

Finanzierungskennzahlen dienen der Beurteilung und Steuerung der Finanzierungsstruktur des Unternehmens.

### Eigenkapitalquote

$$\text{Eigenkapitalquote} = \frac{\text{Eigenkapital} \cdot 100}{\text{Gesamtkapital (Bilanzsumme)}}$$

### Kennzahlenaussage

Die Eigenkapitalquote wird zur Beurteilung der Kapitalkraft des Unternehmens herangezogen.

Es handelt sich hierbei um eine wichtige Kennzahl zur Beurteilung der Bonität eines Unternehmens. Sie sagt aus, wie hoch der Anteil des von den Unternehmenseignern zur Verfügung gestellten Kapitals gemessen am Gesamtkapital ist. Eine hohe Eigenkapitalquote bedeutet einen hohen Unabhängigkeitsgrad und finanzielle Sicherheit.

### Kennzahlenermittlung und Ansatzpunkte für eine Verbesserung der Eigenkapitalquote

Näheres hierzu kann im Kapitel 2 nachgelesen werden.

# Anlagendeckungsgrad 1

$$\text{Anlagendeckungsgrad 1} = \frac{\text{Eigenkapital} \cdot 100}{\text{Anlagevermögen}}$$

## Kennzahlenaussage

Der Anlagendeckungsgrad 1 dient der Beurteilung der Finanzierung des Anlagevermögens. Er zeigt, in welchem Maß das Anlagevermögen durch Eigenkapital abgedeckt ist.
Ziel dieser Kennzahl ist es, festzustellen, inwieweit Vermögen, das langfristig gebunden ist, durch Eigenkapital abgedeckt ist, welches dem Unternehmen auch langfristig zur Verfügung steht.

Je höher der Anlagendeckungsgrad, desto besser.

Die Kennzahl wird häufig verwendet als wichtige Beurteilungsgröße für die Stabilität der Unternehmensfinanzierung.

## Kennzahlenermittlung

Die Kennzahl wird ermittelt, indem das Eigenkapital ins Verhältnis gesetzt wird zum Anlagevermögen. Alle Positionen sind der Bilanz entnehmbar.

Zum Eigenkapital gehören das Grund- bzw. Stammkapital (gezeichnetes Kapital), die Rücklagen, die Gewinn- bzw. Verlustvorträge sowie Jahresüberschuss oder Jahresfehlbetrag.
Zum Anlagevermögen gehören Grundstücke und Gebäude, Maschinen, Betriebs- und Geschäftsausstattung und Beteiligungen.

## Ansatzpunkte für eine Verbesserung des Anlagendeckungsgrads 1

Eine Verbesserung dieser Kennzahl lässt sich erreichen durch:

- ◆ Stärkung des Eigenkapitals durch Kapitalerhöhung,
- ◆ Stärkung des Eigenkapitals durch eine veränderte Entnahme- /Ausschüttungspolitik (stärkere Gewinnthesaurierung),
- ◆ Veräußerung nicht betriebsnotwendiger Anlagegüter,
- ◆ Leasing statt Kauf von Anlagegütern,
- ◆ Reduzierung des Bedarfs an Anlagegütern durch Reduzierung der Fertigungstiefe (mittel- bzw. langfristig).

## Anlagendeckungsgrad 2

$$\text{Anlagendeckungsgrad 2} = \frac{\text{EK} + \text{langfristiges FK} \cdot 100}{\text{Anlagevermögen}}$$

### Kennzahlenaussage

Der Anlagendeckungsgrad 2 sagt aus, in welchem Maße das Anlagevermögen durch Eigenkapital und langfristiges Fremdkapital abgedeckt ist.

| Praxistipp |
|---|
| Dieser Anlagendeckungsgrad sollte auf jeden Fall mindestens bei 100 % liegen. Denn: Langfristig gebundenes Vermögen – und dabei handelt es sich beim Anlagevermögen – sollte auf jeden Fall auch langfristig finanziert sein. Diese Regel nennt man auch die „Goldene Bilanzregel". |

Ein Anlagendeckungsgrad 2 kleiner als 100 % ist bestenfalls vorübergehend tolerierbar, eine Quote größer als 100 % schafft finanziellen Spielraum im kurzfristigen Bereich.

### Kennzahlenermittlung

Zur Ermittlung der Kennzahl werden zunächst Eigenkapital und Fremdkapital addiert. Beide Größen sind der Bilanz zu entnehmen.

Die aus Eigenkapital und Fremdkapital gebildete Summe (langfristiges Kapital gesamt) wird anschließend dividiert durch das Anlagevermögen, das den Bilanzaktiva entnommen wird.

## Ansatzpunkte für eine Verbesserung des Anlagendeckungsgrads 2

◆ Stärkung des Eigenkapitals,
◆ Veräußerung nicht betriebsnotwendiger Anlagegüter,
◆ Leasing statt Kauf von Anlagegütern,
◆ Reduzierung des Bedarfs an Anlagegütern durch Reduzierung der Fertigungstiefe,
◆ Umwandlung kurzfristiger Kredite in langfristige Kredite.

## Working Capital in % des Umlaufvermögens

$$\text{Working Capital in \% des Umlaufvermögens} = \frac{\text{Umlaufvermögen} - \text{kurzfr. Verbind.} \cdot 100}{\text{Umlaufvermögen}}$$

## Kennzahlenaussage

Das Working Capital in % des Umlaufvermögens sagt aus, in welchem Maße das im Umlaufvermögen kurzfristig gebundene Kapital langfristig, d.h. durch Eigenkapital und langfristiges Fremdkapital, finanziert ist.

Diese finanzielle Manövriermasse könnte zur Finanzierung langfristigen Kapitalbedarfs eingesetzt werden.

| Praxistipp |
| --- |
| Diese Kennzahl sollte auf jeden Fall positiv sein und nach Möglichkeit 30–50 % betragen. |

Ist die Kennzahl negativ, bedeutet dies, dass ein Teil des Anlagevermögens kurzfristig finanziert ist und die „Goldene Bilanzregel" missachtet wurde (fehlende Deckung des Anlagevermögens durch Eigenkapital und langfristiges Fremdkapital).

**Kennzahlenermittlung**

Zur Ermittlung der Kennzahl werden zunächst vom Umlaufvermögen die kurzfristigen Verbindlichkeiten subtrahiert. Der so ermittelte Saldo (Working Capital) wird dann auf das Umlaufvermögen bezogen und in Prozent ausgedrückt.

Das Umlaufvermögen setzt sich zusammen aus den Vorräten, den Forderungen und sonstigen Vermögensgegenständen sowie den liquiden Mitteln. Es ist den Bilanzaktiva zu entnehmen.

Die kurzfristigen Verbindlichkeiten umfassen Verbindlichkeiten aus Lieferungen und Leistungen, sonstige kurzfristige Verbindlichkeiten, kurzfristige Rückstellungen sowie Inanspruchnahme des Kontokorrents. Die kurzfristigen Verbindlichkeiten sind aus der Bilanz ersichtlich.

**Ansatzpunkte für eine Verbesserung des Working Capital in % des Umlaufvermögens**

◆ Reduzierung der kurzfristigen Verbindlichkeiten durch Reduzierung der Kapitalbindung im Umlaufvermögen. Hier geht es um die Reduzierung des Vorratsvermögens und eine Reduzierung des Forderungsbestandes. Konkrete Maßnahmen werden später noch dargestellt.

◆ Teilweise Substitution der kurzfristigen Verbindlichkeiten (z.B. Kontokorrent) durch langfristiges Fremdkapital bzw. Eigenkapital.

| Beispiel: | Vorjahr | Aktuelles Jahr |
|---|---|---|
| Vorräte | 750 | 650 |
| Forderungen/sonstige Vermögensgegenstände | 395 | 350 |
| Liquide Mittel | 30 | 30 |
| **Umlaufvermögen gesamt** | **1.175** | **1.030** |
| **Kurzfristige Verbindlichkeiten** | **725** | **580** |
| **Working Capital** | **450** | **450** |
| **Working Capital in % des Umlaufvermögens** | **38,3 %** | **43,7 %** |

# Umschlagziffer Fertigwarenlager

$$\text{Fertigwarenumschlag} = \frac{\text{Umsatzerlöse}}{\text{Fertigwarenbestand}}$$

## Kennzahlenaussage

Die Umschlagziffer Fertigwarenlager (Fertigwarenum-schlag) macht transparent, wie oft sich der Bestand an Fertigwaren pro Jahr umschlägt. Die Kennzahl hat eine erhebliche Auswirkung auf den Gesamtkapitalumschlag und damit auf die Rentabilität des Unternehmens.

## Kennzahlenermittlung

Die Kennzahl wird ermittelt, indem man die in der Gewinn- und Verlustrechnung ausgewiesenen Umsatzerlöse durch den Bestand an fertigen Erzeugnissen und Waren gemäß Bilanz dividiert.

## Ansatzpunkte für eine Verbesserung des Fertigwarenumschlags

Die Praxis zeigt, dass die Fertigwarenbestände oft über dem Niveau liegen, das für eine ausreichende Lieferfähigkeit notwendig ist.

Die Umschlagziffer Fertigwarenlager lässt sich optimieren durch:
- eine verbesserte Absatz- und Produktionsplanung,
- eine effizientere Produktionssteuerung und Lagerwirtschaft,
- die regelmäßige Ermittlung von Umschlagziffern für alle Produkte bzw. Produktgruppen,
- eine Straffung des Produktprogramms (Sortimentsbereinigung),
- die Auslistung von Langsamdrehern,
- den Abverkauf von eventuellen Ladenhütern (Sonderverkäufe).

## Umschlagziffer Materiallager

$$\text{Materiallager-umschlag} = \frac{\text{Materialeinsatz (Materialaufwand)}}{\text{Bestand an Roh-, Hilfs- und Betriebsstoffen}}$$

### Kennzahlenaussage
Die Umschlagziffer Materiallager macht transparent, wie oft sich der Bestand an Roh-, Hilfs- und Betriebsstoffen pro Jahr umschlägt. Sie hat – wie die Umschlagziffer Fertigwarenlager – eine große Auswirkung auf den Gesamtkapitalumschlag und die Rentabilität des Unternehmens.

### Kennzahlenermittlung
Die Kennzahl wird ermittelt, indem man den in der Gewinn- und Verlustrechnung ausgewiesenen Materialaufwand durch den Bestand an Roh-, Hilfs- und Betriebsstoffen gemäß Bilanz dividiert.

### Ansatzpunkte für eine Verbesserung des Materiallagerumschlags
Diese Kennzahl lässt sich optimieren durch:
- eine verbesserte Materialdispostion,
- Bestellmengenoptimierung,
- Einsatz von Rahmenaufträgen mit kurzfristiger Abrufmöglichkeit,
- „Just-in-time"-Belieferung durch die Lieferanten,
- Reduzierung der Anzahl der Einkaufsteile durch Teilevereinheitlichung und Einsatz von Baukastensystemen und/oder eine Straffung des Produktprogramms (Sortimentsbereinigung).

### Debitorenziel in Tagen

$$\text{Debitorenziel in Tagen} = \frac{\text{Debitoren (Forderungen aus L+L)} \cdot 365}{\text{Umsatz + Mehrwertsteuer}}$$

**Kennzahlenaussage**

Neben den Lagerbeständen hat die Höhe des Debitorenbestandes erheblichen Einfluss auf den Gesamtkapitalumschlag und die Rentabilität des Unternehmens.

Diese Kennzahl gibt an, nach wie viel Tagen im Durchschnitt die Forderungen durch die Kunden beglichen werden. Sie gibt damit Aufschluss über das durchschnittliche
Zahlungsverhalten der Kunden.

---

**Praxistipp**

Da die Finanzierung ausstehender Forderungen in der Regel über
Kontokorrentkredit, eine der teuersten Finanzierungen, erfolgt,
sollte man diese Kennzahl genau beobachten und einen möglichst niedrigen Wert anstreben, um Zinsen zu sparen.

---

**Kennzahlenermittlung**

Die Debitoren entnimmt man der Bilanz (Forderungen aus
Lieferungen und Leistungen). Die Umsatzerlöse entnimmt
man der Gewinn- und Verlustrechnung und korrigiert sie
um die Mehrwertsteuer.

> Diese Korrektur ist sinnvoll, da die Debitoren immer in-
> klusive Mehrsteuer ausgewiesen werden. Verzichtet man
> auf die Korrektur, wird diese Kennzahl verzerrt.

Um das durchschnittliche Debitorenziel in Tagen zu ermitteln, dividiert man die Debitoren durch die Umsatzerlöse
(inkl. MwSt.) und multipliziert das Ergebnis mit 365.

**Ansatzpunkte für eine Verbesserung des Debitorenziels
in Tagen**

Diese Kennzahl kann optimiert werden durch:

◆ ein aussagefähiges Debitoren-Informationssystem,
◆ eine effiziente Überwachung der Zahlungseingänge,
◆ ein professionelles Mahnwesen,
◆ eine fundierte Bonitätsprüfung,
◆ eine klare Festlegung kundenbezogener Kreditlimits,
◆ Factoring.

## Kreditorenziel in Tagen

$$\frac{\text{Kreditorenziel}}{\text{in Tagen}} = \frac{\text{Kreditoren (Verbindlichkeiten. aus L+L)} \cdot 365}{\text{Materialaufwand + Mehrwertsteuer}}$$

### Kennzahlenaussage

Das Kreditorenziel in Tagen gibt Auskunft über das Zahlungsverhalten des eigenen Unternehmens.
Durch ein aktives Kreditorenmanagement können die Kreditoren geschickt für finanzierungspolitische Maßnahmen genutzt werden.

### Kennzahlenermittlung

Die Kreditoren entnimmt man der Bilanz (Verbindlichkeiten aus Lieferungen und Leistungen). Den Materialaufwand entnimmt man der Gewinn- und Verlustrechnung und korrigiert ihn um die Mehrwertsteuer. Diese Korrektur ist auch hier sinnvoll, um die Kennzahl nicht zu verzerren.
Um das durchschnittliche Kreditorenziel in Tagen zu ermitteln, dividiert man die Kreditoren durch den Materialaufwand (inkl. MwSt.) und multipliziert das Ergebnis mit 365.

### Ansatzpunkte für eine Verbesserung der Kennzahl Kreditorenziel in Tagen

Eine Optimierung dieser Kennzahl kann erreicht werden durch:

◆ Aushandeln optimaler Zahlungskonditionen,
◆ ein aussagefähiges Kreditoren-Informationssystem,
◆ eine effiziente Steuerung des Zahlungsverkehrs.

### 3.3 Liquiditätskennzahlen

Um die Zahlungsfähigkeit eines Unternehmens objektiv beurteilen und effizient steuern zu können, werden Liquiditätskennzahlen eingesetzt.

Liquiditätskennzahlen allein reichen allerdings zur Steuerung der Liquidität nicht aus. Hierzu ist eine detaillierte Finanz- und Liquiditätsplanung erforderlich.

Eine aktive Liquiditätsplanung und -steuerung leistet einen wesentlichen Beitrag zur Sicherung der Zahlungsfähigkeit des Unternehmens.

## Liquiditätsgrade (Kurzfristige Deckungsgrade)

$$\text{Liquidität 1. Grades} = \frac{\text{Liquide Mittel} \cdot 100}{\text{Kurzfristige Verbindlichkeiten}}$$

$$\text{Liquidität 2. Grades} = \frac{\text{UV} - \text{Vorräte} - \text{geleist. Anzahl.} \cdot 100}{\text{Kurzfristige Verbindlichkeiten}}$$

$$\text{Liquidität 3. Grades} = \frac{\text{Umlaufvermögen (UV)} \cdot 100}{\text{Kurzfristige Verbindlichkeiten}}$$

## Kennzahlenaussage

Während bei der Ermittlung von Anlagendeckungsgraden die Analyse der Zahlungsfähigkeit auf lange Sicht im Vordergrund steht, sollen die kurzfristigen Deckungsgrade (Liquiditätsgrade) Aufschluss geben über die Zahlungsfähigkeit des Unternehmens auf kurze Sicht.

Die Liquidität 1. Grades zeigt, in welchem Umfang die kurzfristigen Verbindlichkeiten durch liquide Mittel abgedeckt sind. Diese Liquidität wird häufig auch als „Barliquidität" bezeichnet.

Die Liquidität 2. Grades zeigt, in welchem Umfang die kurzfristigen Verbindlichkeiten durch liquide Mittel und Forderungen abgedeckt sind. Die Betrachtungsweise wird gegenüber der Liquidität 1. Grades ausgedehnt, sodass hier auch die Forderungen aus Lieferungen und Leistungen als kurzfristig realisierbare Vermögensposition einbezogen werden.

Die Liquidität 2. Grades hat eine wesentlich höhere Aussagekraft als die Liquidität 1. Grades und wird daher deutlich intensiver als Liquiditätskennzahl eingesetzt.

Die Liquidität 2. Grades wird oft auch als „Quick Ratio" oder „Acid Test" bezeichnet. Danach wird die Liquidität als ausreichend betrachtet, wenn der Quotient größer ist als 100%.

Die Liquidität 3. Grades zeigt, in welchem Umfang die kurzfristigen Verbindlichkeiten durch das gesamte Umlaufvermögen abgedeckt sind. Nach der so genannten „Banker's Rule" soll der Quotient aus Umlaufvermögen und Verbindlichkeiten (meist unter Einbeziehung der kurzfristigen Rückstellungen) 200% übersteigen.

**Kennzahlenermittlung**

Grundsätzlich werden zur Ermittlung der drei Liquiditätsgrade Verhältnisse (Ratios) gebildet zwischen kurzfristig gebundenen Vermögenswerten und kurzfristig zur Verfügung stehendem Kapital (kurzfristigen Verbindlichkeiten).

Zu den kurzfristigen Verbindlichkeiten zählen die Verbindlichkeiten aus Lieferungen und Leistungen, die kurzfristigen Bankverbindlichkeiten sowie sonstige kurzfristige Verbindlichkeiten. Sie können den Bilanzpassiva entnommen werden.

Zur Ermittlung der Liquidität 1. Grades werden ausschließlich die liquiden Mittel ins Verhältnis gesetzt zu den kurzfristigen Verbindlichkeiten. Zur Ermittlung der Liquidität 2. Grades werden neben den liquiden Mitteln auch die Forderungen aus Lieferungen und Leistungen (Debitoren) miteinbezogen. Zur Ermittlung der Liquidität 3. Grades wird das gesamte Umlaufvermögen den kurzfristigen Verbindlichkeiten gegenübergestellt.

## Ansatzpunkte für eine Verbesserung der Liquiditätsgrade

Zur Verbesserung der Liquiditätsgrade sind folgende Maßnahmen möglich:

◆ Reduzierung der Kapitalbindung im Umlaufvermögen durch Reduzierung der Vorräte und des Forderungsbestandes. Als Konsequenz der Reduzierung der Kapitalbindung im Umlaufvermögen verringern sich die kurzfristigen Verbindlichkeiten.

| Beispiel: | Vorjahr | Aktuelles Jahr |
|---|---|---|
| Vorräte | 750 | 650 |
| Forderungen/sonstige Vermögensgegenstände | 395 | 350 |
| Liquide Mittel | 30 | 30 |
| **Umlaufvermögen gesamt** | **1.175** | **1.030** |
| **Kurzfristige Verbindlichkeiten** | **725** | **580** |
| **Liquidität 3. Grades** | **162 %** | **178 %** |

◆ Substitution kurzfristigen Fremdkapitals (kurzfristige Verbindlichkeiten) durch Eigenkapital bzw. langfristiges Fremdkapital.

## Schuldentilgungspotenzial (Schuldentilgungsdauer in Jahren)

$$\text{Schuldentilgungsdauer in Jahren} = \frac{\text{Fremdkapital} - \text{Liquide Mittel}}{\text{Cashflow}}$$

## Kennzahlenaussage

Die Schuldentilgungsdauer in Jahren drückt aus, wie lange das Unternehmen bei jetziger Schuldenhöhe und dem zuletzt erwirtschafteten Cashflow brauchen würde, um die Schulden zurückzuzahlen.

Diese Kennzahl spielt in zahlreichen Kennzahlensystemen eine sehr wichtige Rolle und wird häufig auch als Schuldentilgungspotenzial bezeichnet.

Da die Eigenkapitalquote deutscher Unternehmen seit Jahren rückläufig ist, erhält die Kennzahl Schuldentilgungsdauer ein immer größeres Gewicht als Bonitätskriterium.

### Kennzahlenermittlung und Ansatzpunkte zur Verbesserung

Näheres hierzu kann im Kapitel 2 nachgelesen werden.

## 3.4   Investitionskennzahlen

Um die Investitionstätigkeit eines Unternehmens objektiv beurteilen und effizient steuern zu können, werden Investitionskennzahlen eingesetzt.

Die Investitionskennzahlen geben im Wesentlichen einen Überblick über die Anlagenintensität sowie über das Maß an Investitionsaktivitäten.

### Anlagenintensität

$$\text{Anlagenintensität} = \frac{\text{Anlagevermögen} \cdot 100}{\text{Gesamtvermögen}}$$

### Kennzahlenaussage

Die Kennzahl Anlagenintensität liefert eine Aussage über den Vermögensaufbau des Unternehmens und zeigt auf, wie hoch der Anteil des Anlagevermögens am Gesamtvermögen ist.

Je höher der Anteil des Anlagevermögens am Gesamtvermögen, desto höher ist die Anlagenintensität des Unternehmens.

Allerdings steigen mit höherer Anlagenintensität auch die fixen Kosten (Abschreibungen, Instandhaltungskosten etc.), die das Unternehmen unabhängig von der Intensität der Geschäftstätigkeit belasten.

Bei einer hohen Anlagenintensität kommt es insbesondere darauf an, dafür Sorge zu tragen, dass die vorhandenen Anlagegüter in einem möglichst hohen Maß ausgelastet werden.

Eine niedrige Anlagenintensität führt in der Regel dazu, dass das Unternehmen flexibler auf Veränderungen der Nachfrage reagieren kann. Eine niedrige Anlagenintensität kann aber auch – insbesondere bei Produktionsunternehmen – darauf hindeuten, dass der Rationalisierungs- und Automatisierungsgrad des Unternehmens nicht besonders hoch ist.

Bei der Beurteilung der Anlagenintensität ist darüber hinaus zu berücksichtigen, ob im Unternehmen geleaste Anlagegüter eingesetzt werden.

Eine eindeutige Bewertung der Anlagenintensität kann letztendlich nur durch Verwendung von Branchenvergleichszahlen und detaillierter Analysen erfolgen.

### Kennzahlenermittlung

Das Anlagevermögen wird zur Ermittlung der Anlagenintensität ins Verhältnis gesetzt zum Gesamtvermögen.

Das Anlagevermögen umfasst alle Sach- und Finanzanlagen und ergibt sich aus der Bilanz. Das Gesamtvermögen ist der Bilanzsumme gleichzusetzen.

### Ansatzpunkte für eine Verbesserung der Anlagenintensität

Hier sind folgende Maßnahmen möglich:

◆ Liegt die Anlagenintensität deutlich unter dem Durchschnitt der Branche, sollte analysiert werden, ob Rationalisierungs- und Automatisierungsmöglichkeiten in ausreichendem Maße ausgeschöpft wurden. In Abhängigkeit des Ergebnisses einer solchen Analyse sollte dann ein gezieltes Investitionsprogramm zwecks Erhöhung des Rationalisierungsgrades und damit Erhöhung der Anlagenintensität erstellt werden.

- Liegt die Anlagenintensität deutlich über dem Durchschnitt der Branche, sollte insbesondere die Auslastung der einzelnen Anlagegüter analysiert werden. Bei schlechter Auslastung einzelner Anlagen sollte eine mögliche Desinvestition (Anlagenverkauf) ins Auge gefasst werden. Mittelfristig lässt sich die Anlagenintensität verringern und damit die Flexibilität des Unternehmens auf Beschäftigungsänderungen erhöhen, wenn man durch eine teilweise Umstellung von Eigenfertigung auf Fremdbezug die Fertigungstiefe verringert.

## Investitionsquote/Nettoinvestitionsdeckung

$$\text{Investitionsquote} = \frac{\text{Nettoinvestition (Sachanlagen)} \cdot 100}{\text{Anfangsbestand Sachanlagen}}$$

$$\text{Nettoinvestitionsdeckung} = \frac{\text{Abschreibungen (Sachanlagen)} \cdot 100}{\text{Nettoinvestition Sachanlagen}}$$

### Kennzahlenaussage

Die Kennzahl Investitionsquote liefert eine Aussage über die Intensität der Investitionstätigkeit des Unternehmens. Eine hohe Investitionsquote kann bedingt sein durch
- überdurchschnittliche Rationalisierungsinvestitionen,
- Durchführung von Erweiterungsinvestitionen.

Die Kennzahl Nettoinvestitionsdeckung zeigt auf, inwieweit die Abschreibungen reinvestiert wurden. Die Kennzahl erlaubt auch eine grundsätzliche Aussage darüber, ob lediglich reine Ersatzinvestitionen getätigt wurden oder ob zusätzliche Investitionen zwecks Rationalisierung oder Betriebserweiterung getätigt wurden. Hier gilt der Grundsatz:
- Ist die Nettoinvestitionsdeckung größer als 1, kann davon ausgegangen werden, dass nur Ersatzinvestitionen getätigt wurden.

◆ Ist die Nettoinvestitionsdeckung kleiner als 1, kann davon ausgegangen werden, dass neben den reinen Ersatzinvestitionen zusätzlich Rationalisierungs- bzw. Erweiterungsinvestitionen getätigt wurden.

## Kennzahlenermittlung

Zur Ermittlung der Kennzahl Investitionsquote werden die Nettoinvestitionen Sachanlagen in Beziehung gesetzt zum Anfangsbestand Sachanlagen. Zur Ermittlung der Nettoinvestitionsdeckung werden die Abschreibungen auf Sachanlagen auf die Nettoinvestitionen Sachanlagen bezogen.

◆ Die Nettoinvestitionen Sachanlagen ergeben sich als Saldo aus Anlagenzugängen und Anlagenabgängen. Diese Werte können der Bilanz bzw. dem Anlagespiegel entnommen werden.

◆ Der Anfangsbestand Sachanlagen ergibt sich ebenfalls aus Bilanz bzw. Anlagespiegel.

◆ Die Abschreibungen auf Sachanlagen werden entweder der Gewinn- und Verlustrechnung oder dem Anlagespiegel entnommen.

## Ansatzpunkte für eine Verbesserung der Investitionsquote und der Nettoinvestitionsdeckung

Eine Verbesserung der Kennzahlen ist zu erreichen über eine Forcierung der Investitionstätigkeit, d.h. über verstärkte Investitionen in Rationalisierung und ggf. Erweiterung.

## Abschreibungsquote

$$\text{Abschreibungsquote} = \frac{\text{Abschreibungen auf Sachanlagen}}{\text{Sachanlagen am Jahresende}}$$

## Kennzahlenaussage

Die Kennzahl Abschreibungsquote gibt im Rahmen eines Branchenvergleiches Auskunft über die Abschreibungs- bzw. Bewertungspolitik des Unternehmens.

Eine überdurchschnittlich hohe Abschreibungsquote ist häufig ein Hinweis auf eine „konservative" Bewertungspolitik und lässt stille Reserven im Anlagevermögen vermuten.

## Kennzahlenermittlung

Die Abschreibungen auf Sachanlagen können entweder dem Anlagespiegel oder der Gewinn- und Verlustrechnung entnommen werden. Die Sachanlagen am Jahresende werden der Bilanz entnommen.

## Ansatzpunkte für eine Verbesserung der Abschreibungsquote

Eine Verbesserung der Abschreibungsquote ist erreichbar über eine veränderte Abschreibungs- bzw. Bewertungspolitik.

# Auf den Punkt gebracht:

◆ Wenn in einem Unternehmen eine größere Anzahl unterschiedlicher Kennzahlen ermittelt wird, sollten Kennzahlenbereiche gebildet und die einzelnen Kennzahlen diesen Bereichen zugeordnet werden.

◆ Eine praxisbewährte Unterteilung der Kennzahlen erfolgt durch die Bildung der Kennzahlenbereiche

  – Rentabilitätskennzahlen,
  – Erfolgskennzahlen,
  – Liquiditätskennzahlen,
  – Finanzierungskennzahlen und
  – Investitionskennzahlen.

◆ Rentabilitätskennzahlen dienen der Beurteilung der Rentabilitätssituation des Unternehmens.

◆ Erfolgskennzahlen dienen der Beurteilung der erfolgswirksamen Faktoren.

◆ Finanzierungskennzahlen dienen der Beurteilung und Steuerung der Finanzierungsstruktur des Unternehmens.

◆ Liquiditätskennzahlen dienen der Beurteilung und Steuerung der Liquidität (Zahlungsfähigkeit) des Unternehmens.

◆ Investitionskennzahlen dienen der objektiven Beurteilung der Investitionstätigkeit eines Unternehmens. Die Investitionskennzahlen geben im Wesentlichen einen Überblick über die Anlagenintensität sowie über das Maß an Investitionsaktivitäten.

# Kennzahleneinteilung
## Übersichtlich und praxisbewährt

Eine praxisbewährte Unterteilung der Kennzahlen erfolgt durch die Bildung der Kennzahlenbereiche

- Rentabilitätskennzahlen,
- Erfolgskennzahlen,
- Liquiditätskennzahlen,
- Finanzierungskennzahlen und
- Investitionskennzahlen.

Rentabilitätskennzahlen dienen der Beurteilung der Rentabilitätssituation des Unternehmens. Die wichtigsten Rentabilitätskennzahlen sind:

- die Umsatzrendite (Umsatzrentabilität) in %,
- der Return on Investment in %,
- der Kapitalumschlag,
- die Eigenkapitalrentabilität.

Erfolgskennzahlen dienen der Beurteilung der erfolgswirksamen Faktoren. Die wichtigsten Erfolgskennzahlen sind:

- der Deckungsbeitrag in % der Betriebsleistung,
- der Fixkostenanteil in % der Betriebsleistung,
- der Materialkostenanteil (Materialintensität) in % der Betriebsleistung,
- der Personalkostenanteil (Personalintensität) in % der Betriebsleistung,
- die Wertschöpfung je Euro Personalaufwand,
- der Cashflow in % der Betriebsleistung.

Finanzierungskennzahlen dienen der Beurteilung und Steuerung der Finanzierungsstruktur des Unternehmens. Die wichtigsten Finanzierungskennzahlen sind:

◆ die Eigenkapitalquote,

◆ die Anlagendeckungsgrade,

◆ das Working Capital in % des Umlaufvermögens,

◆ die Umschlagziffer Fertigwarenlager,

◆ die Umschlagziffer Materiallager,

◆ das Debitorenziel in Tagen.

Liquiditätskennzahlen dienen der Beurteilung und Steuerung der Liquidität (Zahlungsfähigkeit) des Unternehmens. Die wichtigsten Liquiditätskennzahlen sind:

◆ die Liquiditätsgrade 1, 2 und 3 (kurzfristige Deckungsgrade),

◆ das Schuldentilgungspotenzial (Schuldentilgungsdauer in Jahren).

Investitionskennzahlen dienen der objektiven Beurteilung der Investitionstätigkeit eines Unternehmens. Die Investitionskennzahlen geben im Wesentlichen einen Überblick über die Anlagenintensität sowie über das Maß an Investitionsaktivitäten. Die wichtigsten Investitionskennzahlen sind:

◆ die Anlagenintensität,

◆ die Investitonsquote/Nettoinvestitionsdeckung,

◆ die Abschreibungsquote.

# 4 Praktische Anwendung

## ... des differenzierten Rentabilitäts- und Liquiditätskennzahlensystems

Anhand der folgenden Testdaten sollen die vorgestellten Kennzahlen hier praktisch angewendet werden:

| AKTIVA | 2003 | 2004 | 2005 |
|---|---|---|---|
| Sachanlagevermögen | 450 | 450 | 450 |
| Finanzanlagevermögen | 0 | 0 | 0 |
| *Anlagevermögen gesamt* | *450* | *450* | *450* |
| Roh-, Hilfs- und Betriebsstoffe | 250 | 225 | 200 |
| Unfertige Erzeugnisse bzw. Leistungen | 75 | 50 | 50 |
| Fertige Erzeugnisse bzw. Waren | 425 | 400 | 350 |
| **Vorräte gesamt** | **750** | **675** | **600** |
| Debitoren | 275 | 275 | 280 |
| Sonstige Forderungen kurzfristig | 120 | 120 | 120 |
| Sonstige Forderungen langfristig | 0 | 0 | 0 |
| **Forderungen und sonstige Vermögensgegenstände gesamt** | **395** | **395** | **400** |
| **Liquide Mittel** | 30 | 30 | 30 |
| *Umlaufvermögen gesamt* | *1.175* | *1.100* | *1.030* |
| **AKTIVA gesamt** | **1.625** | **1.550** | **1.480** |

| PASSIVA | 2003 | 2004 | 2005 |
|---|---|---|---|
| **Eigenkapital** | **450** | **450** | **450** |
| Langfristige Bankverbindlichkeiten, sonstige langfristige Verbindlichkeiten | 450 | 450 | 450 |
| Lieferantenverbindlichkeiten (=kurzfristig) | 300 | 280 | 300 |
| Sonstige kurzfristige Verbindlichkeiten | 425 | 370 | 280 |
| **Fremdkapital gesamt** | **1.175** | **1.100** | **1.030** |
| **PASSIVA gesamt** | **1.625** | **1.550** | **1.480** |

Struktur-Bilanz (Werte in T€)

| | 2003 | 2004 | 2005 |
|---|---|---|---|
| **Betriebsleistung** | **2.750** | **2.800** | **2.850** |
| Wareneinsatz/Fremdleistungen | 1.425 | 1.375 | 1.375 |
| Personalkosten variabel | 280 | 285 | 290 |
| Sonstige variable Kosten | 0 | 0 | 0 |
| **– variable Kosten gesamt** | **1.705** | **1.660** | **1.665** |
| **= Deckungsbeitrag** | **1.045** | **1.140** | **1.185** |
| Personalkosten fix | 315 | 320 | 325 |
| Fremdkapitalzinsen | 75 | 70 | 60 |
| Sonstige Fixkosten | 510 | 500 | 500 |
| Abschreibungen | 120 | 120 | 120 |
| **– Fixkosten gesamt** | **1.020** | **1.010** | **1.005** |
| **= BETRIEBSERGEBNIS vor ESt** | **25** | **130** | **180** |

Struktur-GuV (intern, Werte in T€)

## 4.1 Rentabilität/Erfolg

### Entwicklung der Umsatzrendite

Die Umsatzrendite ist
◆ von 2003 auf 2004 von 0,9% auf 4,6%, d.h. um 3,7 Prozentpunkte, und
◆ von 2004 auf 2005 von 4,6% auf 6,3%, d.h. um 1,7 Prozentpunkte, gestiegen.

| | 2003 | 2004 | AzV | 2005 | AzV |
|---|---|---|---|---|---|
| **Umsatzrendite** | **0,9%** | **4,6%** | | **6,3%** | |
| Betriebsergeb. · 100 | 25,0 | 130,0 | 420,0% | 180,0 | 38,5% |
| Betriebsleistung gesamt | 2.750,0 | 2.800,0 | 1,8% | 2.850,0 | 1,8% |

Entwicklung der Umsatzrendite 2003–2005 (AzV=Abweichung zum Vorjahr)

Sowohl im Jahr 2004 als auch im Jahr 2005 ist das Betriebsergebnis gegenüber Vorjahr deutlich gestiegen:
◆ Im Jahr 2004 konnte gegenüber dem (sehr kritischen) Betriebsergebnis 2003 eine Ergebnisverbesserung um 105 T€ bzw. 420% erreicht werden.

♦ Im Jahr 2005 wurde nochmals eine Ergebnisverbesserung gegenüber Vorjahr um 50,0 T€ bzw. 38,5 % erreicht.

Die Betriebsleistung hat sich nicht wesentlich verändert:
♦ Im Jahr 2004 erfolgte ein geringer Anstieg gegenüber Vorjahr um 50,0 T€ bzw. 1,8 %.
♦ Im Jahr 2005 erhöhte sich die Betriebsleistung gegenüber Vorjahr ebenfalls um 50,0 T€ bzw. 1,8 %.

Die Veränderung der Umsatzrendite soll nun näher analysiert werden. Für die Analyse werden weitestgehend Erfolgskennzahlen herangezogen.

## Entwicklung des Materialkostenanteils
Der Materialkostenanteil wurde
♦ von 2003 auf 2004 von 51,8 % auf 49,1 %, d.h. um 2,7 Prozentpunkte, reduziert und
♦ von 2004 auf 2005 von 49,1 % auf 48,2 %, d.h. um 0,9 Prozentpunkte, reduziert.

| | 2003 | 2004 | AzV | 2005 | AzV |
|---|---|---|---|---|---|
| **Materialkostenanteil** | **51,8 %** | **49,1 %** | | 48,2 % | |
| Wareneinsatz/Fremd-leistungen _____ · 100 | 1.425,0 | 1.375,0 | –3,5 % | 1.375,0 | 0,0 |
| Betriebsleistung gesamt | 2.750,0 | 2.800,0 | 1,8 % | 2.850,0 | 1,8 % |

Entwicklung des Materialkostenanteils 2003–2005
(AzV=Abweichung zum Vorjahr)

Damit ist die Verbesserung der Umsatzrendite sowohl im Jahr 2004 wie auch im Jahr 2005 zu einem großen Teil auf eine Senkung des Materialkostenanteils zurückzuführen.

Anmerkung: Die deutliche Senkung des Materialkostenanteils ist im Wesentlichen das Ergebnis eines gezielten Programms zur Senkung der Einkaufskosten.

## Entwicklung des Personalkostenanteils

Der Personalkostenanteil hat sich nicht verändert:

| | 2003 | 2004 | AzV | 2005 | AzV |
|---|---|---|---|---|---|
| **Personalkosten-anteil** | **21,6%** | **21,6%** | | **21,6%** | |
| Personal-kosten · 100 | 595,0 | 605,0 | 1,7% | 615,0 | 1,7% |
| Betriebs-leistung gesamt | 2.750,0 | 2.800,0 | 1,8% | 2.850,0 | 1,8% |

Entwicklung des Personalkostenanteils 2003–2005
(AzV=Abweichung zum Vorjahr)

Die Personalkosten haben sich zwar jeweils gegenüber Vorjahr um jeweils 1,7% geringfügig erhöht, diese Erhöhung wirkt sich jedoch auf den Personalkostenanteil nicht aus, da die Betriebsleistung in gleichem Maße angestiegen ist.

Der Personalkostenanteil setzt sich wie folgt zusammen:

| | 2003 | 2004 | 2005 |
|---|---|---|---|
| Personalkostenanteil variabel | 10,2% | 10,2% | 10,2% |
| Personalkostenanteil fix | 11,4% | 11,4% | 11,4% |
| **Personalkostenanteil gesamt** | **21,6%** | **21,6%** | **21,6%** |

Zusammensetzung des Personalkostenanteils 2003–2005

## Entwicklung der Deckungsbeitragssituation

Der Deckungsbeitrag in % der Betriebsleistung ist
◆ von 2003 auf 2004 von 38,0% auf 40,7%, d.h. um 2,7 Prozentpunkte, und
◆ von 2004 auf 2005 von 40,7% auf 41,6%, d.h. um 0,9 Prozentpunkte, gestiegen.

Die Verbesserung des prozentualen Deckungsbeitrages ist genau identisch mit der Veränderung des Materialkostenanteils. Dies bedeutet, dass die Verbesserung des Deckungsbeitrages ausschließlich auf die Senkung des Materialkostenanteils (s.o.) zurückzuführen ist.

| | 2003 | 2004 | AzV | 2005 | AzV |
|---|---|---|---|---|---|
| **Deckungsbeitrag in %** **der Betriebsleistung** | **38,0%** | **40,7%** | | **41,6%** | |
| Deckungsbeitr. · 100 | 1.045,0 | 1.140,0 | 9,1% | 1.185,0 | 3,9% |
| Betriebsleistung gesamt | 2.750,0 | 2.800,0 | 1,8% | 2.850,0 | 1,8% |

Entwicklung der Deckungsbeitragssituation 2003–2005
(AzV=Abweichung zum Vorjahr)

## Entwicklung der Fremdkapitalzinsen in % der Betriebsleistung

Die Fremdkapitalzinsen in % der Betriebsleistung sind
- ◆ von 2003 auf 2004 von 2,7% auf 2,5%, d.h. um 0,2 Prozentpunkte, geringfügig und
- ◆ von 2004 auf 2005 von 2,5% auf 2,1%, d.h. um 0,4 Prozentpunkte, gesunken.

| | 2003 | 2004 | AzV | 2005 | AzV |
|---|---|---|---|---|---|
| **Fremdkapitalzinsen** **in % der Betriebsleistung** | **2,7%** | **2,5%** | | **2,1%** | |
| Fremdkapitalzinsen · 100 | 75,0 | 70,0 | –6,7% | 60,0 | –14,3% |
| Betriebsleistung gesamt | 2.750,0 | 2.800,0 | 1,8% | 2.850,0 | 1,8% |

Entwicklung der Fremdkapitalzinsen in % der Betriebsleistung
2003–2005 (AzV=Abweichung zum Vorjahr)

Die Fremdkapitalzinsen haben sich reduziert von 75,0 T€ im Jahr 2003 auf 70,0 T€ im Jahr 2004, d.h. um 6,7%. Im Jahr 2005 konnten die Fremdkapitalzinsen nochmals gegenüber Vorjahr um 10,0 T€ bzw. 14,3% reduziert werden.

Die Reduzierung der Fremdkapitalzinsen wurde erreicht durch
- ◆ die Senkung des Gesamtkapitalbedarfs (Erläuterungen hierzu erfolgen an späterer Stelle),
- ◆ günstigere Kreditkonditionen.

## Entwicklung der Abschreibungen in % der Betriebsleistung

Die Abschreibungen in % der Betriebsleistung sind

◆ von 2003 auf 2004 von 4,4% auf 4,3%, d.h. um 0,1 Prozentpunkte, geringfügig und

◆ von 2004 auf 2005 von 4,3% auf 4,2%, d.h. um 0,1 Prozentpunkte, gesunken.

| | 2003 | 2004 | AzV | 2005 | AzV |
|---|---|---|---|---|---|
| **Abschreibungen in % der Betriebsleistung** | **4,4%** | **4,3%** | | **4,2%** | |
| Abschreibungen . 100 | 120,0 | 120,0 | 0,0% | 120,0 | 0,0% |
| Betriebsleistung gesamt | 2.750,0 | 2.800,0 | 1,8% | 2.850,0 | 1,8% |

Entwicklung der Abschreibungen in % der Betriebsleistung 2003–2005 (AzV=Abweichung zum Vorjahr)

Die Abschreibungen sind in den Jahren 2003–2005 konstant geblieben. Da die Betriebsleistung jedoch jeweils gegenüber Vorjahr um 1,8% angestiegen ist, ergibt sich hierdurch eine günstigere Relation zwischen den Abschreibungen und der Betriebsleistung.

## Zusammenfassung zur Veränderung der Umsatzrendite

| | 2003 | 2004 | AzV | 2005 | AzV |
|---|---|---|---|---|---|
| **Umsatzrendite** | **0,9%** | **4,6%** | **3,7%** | **6,3%** | **1,7%** |
| **Veränderung bedingt durch ...** | | | | | |
| Materialkostenanteil | 51,8% | 49,1% | 2,7% | 48,2% | 0,9% |
| FK-Zinsen in % der Betriebsleistung | 2,7% | 2,5% | 0,2% | 2,1% | 0,4% |
| Abschreibungen in % der Betriebsleistung | 4,4% | 4,3% | 0,1% | 4,2% | 0,1% |
| Sonstige Fixkosten in % der Betriebsleistung (vgl. GuV) | 18,6% | 17,9% | 0,7% | 17,6% | 0,3% |

## Entwicklung des Return on Investment (Gesamtkapitalrendite)

### Direkte Ermittlung des RoI

Der Return on Investment (Gesamtkapitalrentabilität) ist
- von 2003 auf 2004 von 6,2% auf 12,9%, d.h. um 6,7 Prozentpunkte, und
- von 2004 auf 2005 von 12,9% auf 16,2%, d.h. um 3,3 Prozentpunkte, gestiegen.

| | 2003 | 2004 | AzV | 2005 | AzV |
|---|---|---|---|---|---|
| **Return on Investment** | 6,2% | 12,9% | | 16,2% | |
| Betriebsergebnis + Zinsaufwand . 100 | 100,0 | 200,0 | 100,0% | 240,0 | 20,0% |
| Investiertes Kapital | 1.625,0 | 1.550,0 | –4,6% | 1.480,0 | –4,5% |

Entwicklung des RoI 2003–2005 (AzV=Abweichung zum Vorjahr)

Der im Jahr 2003 erzielte Return on Investment muss als schlecht bezeichnet werden, während die in den Jahren 2004 und 2005 erzielten Werte als gut bzw. sehr gut bewertet werden können.

Dieses Praxisbeispiel zeigt insbesondere auf, dass sich Kennzahlen innerhalb recht kurzer Zeit erheblich verbessern lassen.

Sowohl im Jahr 2004 wie auch im Jahr 2005 ist das Betriebsergebnis vor Zinsen gegenüber Vorjahr gestiegen:
- Im Jahr 2004 betrug die Steigerung gegenüber Vorjahr 100,0 T€ bzw. 100,0%.
- Im Jahr 2005 betrug die Steigerung gegenüber Vorjahr 40,0 T€ bzw. 20,0%.

Die Verbesserung des Betriebsergebnisses ist, wie bereits bei der Analyse der Umsatzrendite dargestellt, auf eine Optimierung der Kosten-Leistungs-Relationen zurückzuführen.

Das investierte Kapital (gebundene Kapital) konnte sowohl im Jahr 2004 wie auch im Jahr 2005 reduziert werden:

- ◆ Im Jahr 2004 betrug die Reduzierung gegenüber Vorjahr 75,0 T€ bzw. 4,6%.
- ◆ Im Jahr 2005 betrug die Reduzierung gegenüber Vorjahr 70,0 T€ bzw. 4,5%.

## Indirekte Ermittlung des RoI

Die indirekte Ermittlung des Return on Investment macht die Veränderung aus einem anderen Blickwinkel deutlich:

| | 2003 | 2004 | AzV | 2005 | AzV |
|---|---|---|---|---|---|
| **Return on Investment** | **6,2%** | **12,9%** | | **16,2%** | |
| Umsatzrendite korr. | 3,65% | 7,15% | | 8,42% | |
| · Kapitalumschlag | 1,69 | 1,81 | 7,1% | 1,92 | 6,1% |

Entwicklung des RoI 2003–2005 (AzV=Abweichung zum Vorjahr)

Sowohl im Jahr 2004 wie auch im Jahr 2005 konnte die Umsatzrendite korr. (Umsatzrendite vor Zinsen) gegenüber Vorjahr deutlich verbessert werden:

- ◆ Von 2003 auf 2004 verbesserte sich diese Kennzahl von 3,65% auf 7,15%, d.h. um 3,5 Prozentpunkte.
- ◆ Von 2004 auf 2005 verbesserte sich diese Kennzahl nochmals von 7,15% auf 8,42%, d.h. um 1,27 Prozentpunkte.

Die Gründe für die Verbesserung der Umsatzrendite wurden bereits an vorhergehender Stelle eingehend analysiert.

## Ermittlung des Kapitalumschlages

Der Kapitalumschlag hat sich

- ◆ im Jahr 2004 gegenüber 2003 von 1,69 auf 1,81, d.h. um 7,1%, verbessert und
- ◆ im Jahr 2005 gegenüber 2004 von 1,81 auf 1,92, d.h. um 6,1%, verbessert.

|  | 2003 | 2004 | AzV | 2005 | AzV |
|---|---|---|---|---|---|
| **Kapitalumschlag** | **1,69** | **1,81** | **7,1%** | **1,92** | **6,1%** |
| Betriebsleistung gesamt | 2.750,0 | 2.800,0 | 1,8% | 2.850,0 | 1,8% |
| Investiertes Kapital | 1.625,0 | 1.550,0 | –4,6% | 1.480,0 | –4,5% |

Entwicklung des Kapitalumschlages 2003–2005
(AzV=Abweichung zum Vorjahr)

Die Gründe für den verbesserten Kapitalumschlag liegen in der Reduzierung des investierten Kapitals bei gestiegener Betriebsleistung.
Die Reduzierung des investierten Kapitals ist in erster Linie auf eine Reduzierung des Vorratsvermögens zurückzuführen.

## Entwicklung Vorratsvermögen

Durch ein verbessertes Dispositionssystem und eine Optimierung der Produktionsplanung und -steuerung wurden folgende Veränderungen im Vorratsvermögen erreicht:

|  | 2003 | 2004 | AzV | 2005 | AzV |
|---|---|---|---|---|---|
| Roh-, Hilfs- und Betriebsstoffe | 250,0 | 225,0 | –10,0% | 200,0 | –11,1% |
| Unfertige Erzeugnisse/Leistungen | 75,0 | 50,0 | –33,3% | 50,0 | 0,0% |
| Fertige Erzeugnisse/ Waren | 425,0 | 400,0 | –5,9% | 350,0 | –12,5% |
| **Vorratsvermögen gesamt** | **750,0** | **675,0** | **–10,0%** | **600,0** | **–11,1%** |

Entwicklung des Vorratsvermögens 2003–2005 (AzV=Abweichung zum Vorjahr)

Der verbesserte Kapitalumschlag im Vorratsvermögen lässt sich auch aufgrund der Kennzahlen Umschlagziffer Fertigwarenlager (Fertigwarenumschlaghäufigkeit) und Umschlagziffer Materiallager (Materiallagerumschlaghäufkeit) gut nachvollziehen.

## Entwicklung der Umschlagziffer Fertigwarenlager (Fertigwarenumschlaghäufigkeit)

Die Umschlagziffer Fertigwarenlager hat sich
◆ im Jahr 2004 gegenüber Vorjahr von 6,4 auf 7,1 und
◆ im Jahr 2005 gegenüber 2004 von 7,1 auf 8,3 erhöht.

| | 2003 | 2004 | AzV | 2005 | AzV |
|---|---|---|---|---|---|
| Umschlagziffer Fertigwarenlager | 6,4 | 7,1 | 10,9% | 8,3 | 16,9% |
| Betriebsleistung gesamt | 2.750,0 | 2.800,0 | 1,8% | 2.850,0 | 1,8% |
| Fertige Erzeugnisse/ Waren | 425,0 | 400,0 | –5,9% | 350,0 | –12,5% |

Entwicklung der Fertigwarenumschlaghäufigkeit 2003–2005
(AzV=Abweichung zum Vorjahr)

Die Verbesserung der Umschlagziffer ist darauf zurückzuführen, dass es gelungen ist, bei steigender Betriebsleistung den Bestand an fertigen Erzeugnissen/Waren zu reduzieren.

## Entwicklung der Umschlagziffer Materiallager (Materiallagerumschlaghäufigkeit)

Die Umschlagziffer Materiallager hat sich
◆ im Jahr 2004 gegenüber Vorjahr von 5,7 auf 6,1 und
◆ im Jahr 2005 gegenüber 2004 von 6,1 auf 6,9 erhöht.

| | 2003 | 2004 | AzV | 2005 | AzV |
|---|---|---|---|---|---|
| Umschlagziffer Materiallager | 5,7 | 6,1 | 7,0% | 6,9 | 13,1% |
| Wareneinsatz/ Fremdleistungen | 1.425,0 | 1.375,0 | –3,5% | 1.375,0 | 0,0% |
| Materiallager | 250,0 | 225,0 | –10,0% | 200,0 | –11,1% |

Entwicklung der Materiallagerumschlaghäufigkeit 2003–2005
(AzV=Abweichung zum Vorjahr)

Die Verbesserung der Umschlagziffer ist darauf zurückzuführen, dass es gelungen ist, bei steigendem bzw. gleich bleibendem Wareneinsatz den Bestand an Roh-, Hilfs- und Betriebsstoffen (Materiallager) zu reduzieren.

## Entwicklung der Eigenkapitalrentabilität

Die Eigenkapitalrentabilität ist
◆ von 2003 auf 2004 von spärlichen 5,6% auf 28,9%, d.h. um 23,3 Prozentpunkte, und
◆ von 2004 auf 2005 von 28,9% auf 40,0%, d.h. um 11,1 Prozentpunkte, gestiegen.

| | 2003 | 2004 | AzV | 2005 | AzV |
|---|---|---|---|---|---|
| Eigenkapital-rentabilität | 5,6% | 28,9% | | 40,0% | |
| Betriebsergebnis | 25,0 | 130,0 | 420,0% | 180,0 | 38,5% |
| Eigenkapital | 450,0 | 450,0 | 0,0% | 450,0 | 0,0% |

Entwicklung der Eigenkapitalrentabilität 2003–2005
(AzV=Abweichung zum Vorjahr)

Das Eigenkapital hat sich im Betrachtungszeitraum nicht verändert. Das Betriebsergebnis hingegen ist sowohl im Jahr 2004 als auch im Jahr 2005 im Vergleich zum Vorjahr deutlich gestiegen:
◆ Im Jahr 2004 konnte gegenüber dem (sehr kritischen) Betriebsergebnis 2003 eine Ergebnisverbesserung um 105 T€ bzw. 420% erreicht werden.
◆ Im Jahr 2005 wurde nochmals eine Ergebnisverbesserung gegenüber Vorjahr um 50,0 T€ bzw. 38,5% erreicht.

Die Gründe für die Ergebnisverbesserung wurden an anderer Stelle bereits detailliert dargestellt.

Wie wirkt sich der Leverage-Effekt auf die Eigenkapitalrendite aus? Die Eigenkapitalrendite kann unter Berücksichtigung des Leverage-Effektes aus der Gesamtkapitalrendite abgeleitet werden.

> Ist die Gesamtkapitalrendite höher als der durchschnittliche Fremdkapitalzinssatz (unter Berücksichtigung zinsfreien Fremdkapitals), erhöht sich mit zunehmendem Verschuldungsgrad (Verhältnis von Fremd- und Eigenkapital) die Eigenkapitalrentabilität.

Natürlich sind dem Verschuldungsgrad Grenzen gesetzt, da Fremdkapitalgeber eine akzeptable Eigenkapitalausstattung erwarten.

**Beispiel:**
Ermittlung der Eigenkapitalrentabilität aufgrund der Gesamtkapitalrendite und des Leverage-Effektes für das Jahr 2005:
GK-Rendite + Verschuldungsgrad · (GK-Rendite – durchschn. FK-Zins) = Eigenkapitalrentabilität
$16{,}2\% + 2{,}29 \cdot (16{,}2\% - 5{,}8\%) = 40{,}0\%$

## Entwicklung des Break-even-Punktes

Der Break-even-Punkt konnte in den Jahren 2003 bis 2005 verbessert werden, d.h., das Unternehmen erreicht bereits aufgrund einer günstigeren Kosten-Leistungs-Struktur die Gewinnschwelle bei einem niedrigeren Umsatz.

|  | 2003 | 2004 | AzV | 2005 | AzV |
|---|---|---|---|---|---|
| **Break-even-Punkt** | 2.684,2 | 2.481,5 | –7,5% | 2.415,9 | –2,6% |
| Fixkosten | 1.020,0 | 1.010,0 | –1,0% | 1.005,0 | –0,5% |
| Deckungsbeitrag in % vom Umsatz (DBU) | 38,0% | 40,7% |  | 41,6% |  |

Entwicklung des Break-even-Punktes 2003–2005
(AzV=Abweichung zum Vorjahr)

Die positive Entwicklung des Break-even ist auf die deutlich verbesserte Deckungsbeitragssituation zurückzuführen.

Der Deckungsbeitrag in % vom Umsatz verbesserte sich im
Jahr

◆ 2004 gegenüber Vorjahr von 38,0% auf 40,7%, d.h. um
  2,7 Prozentpunkte, und
◆ 2005 nochmals gegenüber Vorjahr von 40,7% auf 41,6%,
  d.h. um 0,9 Prozentpunkte.

Die Gründe für die Verbesserung des Deckungsbeitrages
wurden bereits dargestellt.

Die Fixkosten haben sich in den Jahren 2003–2005 nur un-
wesentlich verändert.

## Entwicklung des Sicherheitsabstandes

Der Sicherheitsabstand konnte in den Jahren 2003 bis 2005
erheblich verbessert werden.

| | 2003 | 2004 | AzV | 2005 | AzV |
|---|---|---|---|---|---|
| **Sicherheitsabstand** | **65,8** | **318,5** | **384,0%** | **434,1** | **36,3%** |
| Umsatz (Betriebs-leistung) – | 2.750,0 | 2.800,0 | 1,8% | 2.850,0 | 1,8% |
| Break-even-Punkt | 2.684,2 | 2.481,5 | –7,5% | 2.415,9 | –2,6% |

Entwicklung des Sicherheitsabstandes 2003–2005
(AzV=Abweichung zum Vorjahr)

Die Verbesserung des Sicherheitsabstandes ist im Wesentlichen auf die positive Entwicklung des Break-even-Punktes
(d.h. Gewinnschwelle bei einem niedrigeren Umsatz) zurückzuführen.
Der Umsatz konnte im Betrachtungszeitraum jedoch ebenfalls – wenn auch nur geringfügig – verbessert werden.

## Entwicklung des Sicherheitsgrades

Die positive Entwicklung des Sicherheitsabstandes wirkt
sich folgendermaßen auf die Kennzahl Sicherheitsgrad aus:

| | 2003 | 2004 | AzV | 2005 | AzV |
|---|---|---|---|---|---|
| **Sicherheitsgrad** | **2,4 %** | **11,4 %** | | **15,2 %** | |
| Sicherheits-<br>abstand · 100 | 65,8 | 318,5 | 384,0 % | 434,1 | 36,3 % |
| Umsatz<br>(Betriebsleist.) | 2.750,0 | 2.800,0 | 1,8 % | 2.850,0 | 1,8 % |

Entwicklung des Sicherheitsgrades 2003–2005 (AzV=Abweichung zum Vorjahr)

## 4.2  Liquidität/Finanzierung

### Entwicklung der Eigenkapitalquote

Die Eigenkapitalquote konnte in den Jahren 2003 bis 2005 verbessert werden.

| | 2003 | 2004 | AzV | 2005 | AzV |
|---|---|---|---|---|---|
| **Eigenkapitalquote** | **27,7 %** | **29,0 %** | | **30,4 %** | |
| Eigenkapital · 100 | 450,0 | 450,0 | 0,0 % | 450,0 | 0,0 % |
| Gesamtkapital<br>(Bilanzsumme) | 1.625,0 | 1.550,0 | −4,6 % | 1.480,0 | −4,5 % |

Entwicklung der Eigenkapitalquote 2003–2005 (AzV=Abweichung zum Vorjahr)

Die Höhe des Eigenkapitals ist in den Jahren 2003 bis 2005 unverändert geblieben.

Eine weitere Verbesserung der ohnehin bereits guten Eigenkapitalquote wurde durch eine Reduzierung des benötigten Kapitals erreicht, denn das benötigte Gesamtkapital reduzierte sich
◆ von 2003 auf 2004 um 75 T€ bzw. 4,6 % und
◆ von 2004 auf 2005 um weitere 70 T€ bzw. 4,5 %.

Die Reduzierung des Kapitalbedarfs ist im Wesentlichen auf verringerte Lagerbestände zurückzuführen.

## Entwicklung des Working Capital in % des Umlaufvermögens

Das Working Capital in % des Umlaufvermögens hat sich verbessert, weil das Umlaufvermögen und als Folge gleichzeitig die kurzfristigen Verbindlichkeiten reduziert werden konnten.

| | 2003 | 2004 | AzV | 2005 | AzV |
|---|---|---|---|---|---|
| **Working Capital in % des Umlaufvermögens** | **38,3 %** | **40,9 %** | | **43,7 %** | |
| Umlaufvermögen – kurzfristige Verbindlichkeiten | 450,0 | 450,0 | 0,0 % | 450,0 | 0,0 % |
| $\frac{\text{Umlaufvermögen} - \text{kurzfristige Verbindlichkeiten}}{\text{Umlaufvermögen}} \cdot 100$ | 1.175,0 | 1.100,0 | −6,4 % | 1.030,0 | −6,4 % |

Entwicklung des Working Capital in % des Umlaufvermögens 2003–2005 (AzV=Abweichung zum Vorjahr)

Die Höhe des absoluten Working Capital ist gleich geblieben, da die Reduzierung der Kapitalbindung im Umlaufvermögen in gleichem Maße zu einer Reduzierung der kurzfristigen Verbindlichkeiten geführt hat.

| | 2003 | 2004 | AzV | 2005 | AzV |
|---|---|---|---|---|---|
| **= Working Capital** | **450,0** | **450,0** | **0,0** | **450,0** | **0,0** |
| Umlaufvermögen – kurzfristige Verbindlichkeiten | 1.175,0 | 1.100,0 | −75,0 | 1.030,0 | −70,0 |
| | 725,0 | 650,0 | −75,0 | 580,0 | −70,0 |

Entwicklung des absoluten Working Capital 2003–2005 (AzV=Abweichung zum Vorjahr)

## Entwicklung der Liquidität 2. Grades

Die Liquidität 2. Grades hat sich verbessert
◆ von 2003 auf 2004 von 58,6 % auf 65,4 %, d.h. um 6,8 Prozentpunkte, und

◆ von 2004 auf 2005 von 65,4% auf 74,1%, d.h. um 8,7 Prozentpunkte.

| | 2003 | 2004 | AzV | 2005 | AzV |
|---|---|---|---|---|---|
| **Liquidität 2. Grades** | 58,6% | 65,4% | | 74,1% | |
| Umlaufvermögen – Vorräte – geleistete Anzahlungen · 100 | 425,0 | 425,0 | 0,0% | 430,0 | 1,1% |
| Kurzfristige Verbindlichkeiten | 725,0 | 650,0 | –10,3% | 580,0 | –10,8% |

Entwicklung der Liquidität 2. Grades 2003–2005
(AzV=Abweichung zum Vorjahr)

Die Liquidität 2 (Umlaufvermögen – Vorräte – gel. Anzahlungen) hat sich (absolut betrachtet) kaum verändert. Die Verbesserung des Liquiditätsgrades ist also fast ausschließlich auf eine Reduzierung der kurzfristigen Verbindlichkeiten zurückzuführen.

## Entwicklung des Cashflow in % der Betriebsleistung (Cashflow-Rate)

Der Cashflow in % der Betriebsleistung hat sich verbessert
◆ von 2003 auf 2004 von 5,3% auf 8,9%, d.h. um 3,6 Prozentpunkte, und
◆ von 2004 auf 2005 von 8,9% auf 10,5%, d.h. um 1,6 Prozentpunkte.

| | 2003 | 2004 | AzV | 2005 | AzV |
|---|---|---|---|---|---|
| **Cashflow in % der Betriebsleistung** | 5,3% | 8,9% | | 10,5% | |
| Cashflow · 100 | 145,0 | 250,0 | 72,4% | 300,0 | 20,0% |
| Betriebsleistung | 2.750,0 | 2.800,0 | 1,8% | 2.850,0 | 1,8% |

Entwicklung des Cashflow in % der Betriebsleistung 2003–2005
(AzV=Abweichung zum Vorjahr)

Der Grund für diese Verbesserung liegt in der verbesserten Ergebnissituation des Unternehmens.

|  | 2003 | 2004 | AzV | 2005 | AzV |
|---|---|---|---|---|---|
| **Cashflow** | **145,0** | **250,0** | **72,4%** | **300,0** | **20,0%** |
| Betriebsergebnis + | 25,0 | 130,0 | 420,0% | 180,0 | 38,5% |
| Abschreibungen | 120,0 | 120,0 | 0,0% | 120,0 | 0,0% |

Entwicklung des Betriebsergebnisses 2003–2005
(AzV=Abweichung zum Vorjahr)

## Entwicklung des Schuldentilgungspotenzials (Schuldentilgungsdauer)

Die Schuldentilgungsdauer in Jahren konnte im Betrachtungszeitraum kontinuierlich verbessert werden.

|  | 2003 | 2004 | AzV | 2005 | AzV |
|---|---|---|---|---|---|
| **Schuldentilgungs-dauer in Jahren** | **7,9** | **4,3** |  | **3,3** |  |
| Fremdkapital – liquide Mittel · 100 | 1.145,0 | 1.070,0 | –6,6% | 1.000,0 | –6,5% |
| Cashflow | 145,0 | 250,0 | 72,4% | 300,0 | 20,0% |

Entwicklung der Schuldentilgungsdauer 2003–2005
(AzV=Abweichung zum Vorjahr)

Die Verbesserung ist auf folgende Gründe zurückzuführen:
Die Nettoschulden des Unternehmens wurden reduziert
◆ im Jahr 2004 um 75,0 T€ bzw. 6,6% gegenüber Vorjahr
◆ und im Jahr 2005 nochmals um 70,0 T€ bzw. 6,5% gegenüber Vorjahr.

Auf der anderen Seite verbesserte sich der Cashflow:
◆ im Jahr 2004 um 105,0 T€ bzw. 72,4% gegenüber 2003
◆ und im Jahr 2005 nochmals um 50,0 T€ bzw. 20,0% gegenüber Vorjahr.

# 5 Kennzahlensysteme

**Den Überblick verbessern durch
hierarchische Gliederung**

## 5.1 Einführung

In der Regel ist es erforderlich, zur Analyse und Steuerung
des Unternehmens mehrere Kennzahlen zu verwenden. Die
Verwendung einer größeren Anzahl von Kennzahlen birgt
jedoch die Gefahr, dass der Überblick verloren geht.
Daher ist es sinnvoll, die Kennzahlen zu systematisieren,
d.h. zu einem Kennzahlensystem zusammenzufassen.

In Kennzahlensystemen werden
- ◆ die einzelnen Kennzahlen bestimmten Sachverhalten zugeordnet,
- ◆ Abhängigkeiten zwischen den Kennzahlen abgebildet,
- ◆ die Kennzahlen hierarchisch gegliedert.

Kennzahlensysteme zeichnen sich durch eine oder mehrere
Spitzenkennzahl(en) aus. Als Beispiel sind das DuPont-
System mit dem Return on Investment (RoI) als Erfolgsziel
und das RL-Kennzahlensystem zu erwähnen. Das wohl
älteste Kennzahlensystem wurde von der Firma DuPont
entwickelt: Der RoI-Baum (Kapitalertragsstammbaum) gilt
als Prototyp für die Bildung anderer Kennzahlensysteme.

## 5.2 Der RoI-Baum (Kapitalertragsstammbaum)

Der RoI-Baum (Kapitalertragsstammbaum) verwendet zur
Beurteilung des Unternehmenserfolgs die Gesamtkapitalrentabilität des Unternehmens. Die Spitzenkennzahl Gesamtkapitalrentabilität
wird aufgelöst in die Kennzahlen
Umsatzrendite und Kapitalumschlag:

- Ausgehend von der Kennzahl Umsatzrendite werden dann die einzelnen Faktoren, die Einfluss auf die Umsatzrendite haben, transparent gemacht.
- Ausgehend von der Kennzahl Kapitalumschlag wird die Kapitalbindung im Anlage- und Umlaufvermögen dargestellt.

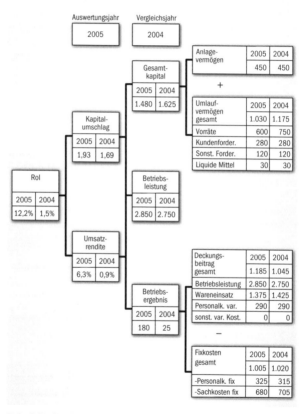

Beispielhafter RoI-Kennzahlenbaum

## 5.3 Das RL-Kennzahlensystem

Das RL-Kennzahlensystem wurde von den Professoren Reichmann und Lachnit entwickelt. Das System umfasst sowohl Rentablilitätskennzahlen als auch Liqiditätskennzahlen und stellt insofern eine Erweiterung des RoI-Baums dar. Außerdem beinhaltet es eine Betriebsergebnisanalyse und ist für eine aktive Ergebnissteuerung im Unternehmen besonders gut geeignet.

> Das System ist einerseits sehr gut strukturiert, zum anderen werden durch die Baumstruktur, in der die Kennzahlen dargestellt werden, die Zusammenhänge sehr transparent.

Das eigentliche Kennzahlensystem besteht aus drei Teilen:
- ◆ dem Rentabilitätteil mit einem komprimierten Überblick über die Rentabilitätssituation des Unternehmens,
- ◆ dem Liquiditätsteil mit den wesentlichen Liquiditätskennzahlen,
- ◆ der Betriebsergebnisanalyse mit einer sehr aussagefähigen Darstellung der ergebniswirksamen Faktoren und ihrer Zusammenhänge.

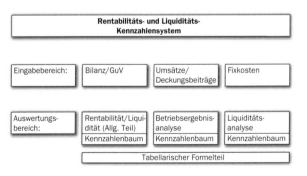

Übersicht RL-Kennzahlensystem (modifiziert)

## Rentabilitätskennzahlen
Zeitraum:

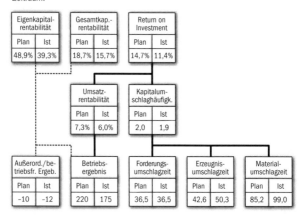

| Eigenkapital-rentabilität | | Gesamtkap.-rentabilität | | Return on Investment | |
|---|---|---|---|---|---|
| Plan | Ist | Plan | Ist | Plan | Ist |
| 48,9% | 39,3% | 18,7% | 15,7% | 14,7% | 11,4% |

| Umsatz-rentabilität | | Kapitalum-schlaghäufigk. | |
|---|---|---|---|
| Plan | Ist | Plan | Ist |
| 7,3% | 6,0% | 2,0 | 1,9 |

| Außerord./be-triebsfr. Ergeb. | | Betriebs-ergebnis | | Forderungs-umschlagzeit | | Erzeugnis-umschlagzeit | | Material-umschlagzeit | |
|---|---|---|---|---|---|---|---|---|---|
| Plan | Ist | Plan | Ist | Plan | Ist | Plan | Ist | Plan | Ist |
| –10 | –12 | 220 | 175 | 36,5 | 36,5 | 42,6 | 50,3 | 85,2 | 99,0 |

## Liquiditätskennzahlen
Zeitraum:

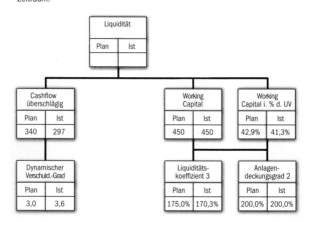

| Liquidität | |
|---|---|
| Plan | Ist |
|  |  |

| Cashflow überschlägig | | Working Capital | | Working Capital i. % d. UV | |
|---|---|---|---|---|---|
| Plan | Ist | Plan | Ist | Plan | Ist |
| 340 | 297 | 450 | 450 | 42,9% | 41,3% |

| Dynamischer Verschuld.-Grad | | Liquiditäts-koeffizient 3 | | Anlagen-deckungsgrad 2 | |
|---|---|---|---|---|---|
| Plan | Ist | Plan | Ist | Plan | Ist |
| 3,0 | 3,6 | 175,0% | 170,3% | 200,0% | 200,0% |

RL-Kennzahlensystem – Allgemeiner Teil

**Betriebsergebnisanalyse**

Zeitraum:

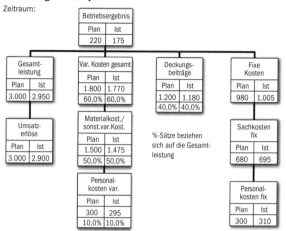

RL-Kennzahlensystem – Sonderteil

Ergänzt werden die Kennzahlenbäume durch eine tabellarische Darstellung.

| Eigenkapitalrentabilität | Plan | Ist | Abw. in % |
|---|---|---|---|
| | 48,9% | 39,3% | |
| Gesamtgewinn | 200 | 177 | –20% |
| Eigenkapital | 450 | 450 | 0% |
| **Gesamtkapitalrentabilität** | **Plan** | **Ist** | **Abw. in %** |
| | 18,7% | 15,7% | |
| Gesamtgewinn +FK-Zinsen | 280 | 242 | –14% |
| Gesamtkapital | 1.500 | 1.540 | 3% |
| **Return on Investment** | **Plan** | **Ist** | **Abw. in %** |
| | 48,9% | 38,9% | |
| Betriebsergebnis | 220 | 175 | –20% |
| Eigenkapital | 450 | 450 | 0% |

Tabellarische Darstellung

## 5.4 Neuere Kennzahlen

Die in den vorhergehenden Kapiteln behandelten Kennzahlen sind das Ergebnis umfangreicher betriebswirtschaftlicher Überlegungen und seit Langem erfolgreich in der Praxis im Einsatz. Trotzdem wird immer wieder versucht, neuere und bessere Kennzahlen zu finden.

Nachstehend sollen einige dieser „modernen Kennzahlen" dargestellt werden.

### EVA® (Economic Value added – Wertbeitrag)

EVA = (RoI – Kapitalkostensatz) · investiertes Kapital

### Kennzahlenaussage

Der Economic Value added (EVA) hat sich bei Großunternehmen zu einer dominierenden Steuerungskennzahl entwickelt und ist das Kernstück der „wertorientierten Unternehmensführung".

> Ziel dieser Art der Unternehmensführung ist es, systematisch den Wert des Unternehmens zu erhöhen.

Hierzu wird unterstellt, dass die Erwirtschaftung von Kapitalrenditen (RoI-Größen), die über dem vom Kapitalmarkt geforderten Kapitalkostensatz liegen, zu einer Steigerung des Unternehmenswertes führen.

Der vom Kapitalmarkt geforderte Kapitalkostensatz wird abgeleitet aus den Verzinsungsansprüchen der Fremdkapitalgeber (Banken etc.) und der Eigenkapitaleigner (Aktionäre etc.).

Bei dem Economic Value added handelt es sich um eine absolute Zahl. Positive Zahlen bedeuten „Erhöhung des Unternehmenswertes", negative Zahlen bedeuten „Verringerung des Unternehmenswertes".

## Kennzahlenermittlung

Zur Ermittlung des Economic Value added wird zunächst die Differenz gebildet aus dem Return on Investment und dem Kapitalkostensatz:

◆ Die Ermittlung des Return on Investment wurde bereits beschrieben.

◆ Der vom Kapitalmarkt geforderte Kapitalkostensatz wird ermittelt als gewichteter Durchschnitt der Verzinsungsansprüche der Eigen- und Fremdkapitalgeber (WACC – Weighted Average Cost of Capital).

**Beispiel**

| | |
|---|---:|
| Return on Investment | 15 % |
| – Kapitalkostensatz | 10 % |
| · investiertes Kapital | 2.000,0 |
| **= EVA ( (Economic Value added)** | **100,0** |

## Ansatzpunkte für eine Verbesserung des EVA

Ein Verbesserung des EVA ( (Economic Value added) lässt sich erreichen durch

◆ eine Steigerung des Return on Investment und
◆ die Reduzierung des investierten Kapitals.

## ROCE (Return on Capital employed)

$$ROCE = \frac{\text{Gewinn vor Zinsen und Steuern (EBIT)} \cdot 100}{\text{Capital employed}}$$

## Kennzahlenaussage

Die Kennzahl ROCE (Return on Capital Employed) zeigt die Verzinsung des langfristig gebundenen Kapitals. Damit unterscheidet sich diese Kennzahl vom RoI (Return on Investment), der die Verzinsung des Gesamtkapitals, also des langfristigen und kurzfristigen Kapitals, aufzeigt.

Der ROCE stellt eine betriebswirtschaftlich sinnvolle Alternative zum RoI dar.

Der Vorteil des ROCE gegenüber dem RoI besteht darin, dass zufällige Schwankungen der Rentabilitätskennzahl durch Veränderungen im kurzfristig gebundenen Vermögen, z.B. durch Erhöhung/Verringerung der Vorräte oder Debitoren, vermieden werden.

## Kennzahlenermittlung

Zur Ermittlung des ROCE (Return on Capital employed) wird der Gewinn (vor Zinsen und Steuern) auf das Capital employed (langfristig gebundenes Kapital) bezogen und in Prozent ausgedrückt.

Das Capital employed wird ermittelt, indem die Summe aus Anlagevermögen und Net Working Capital gebildet wird. Das Net Working Capital ist der Saldo von Umlaufvermögen und kurzfristigen Verbindlichkeiten.

| | 2003 | 2004 | AzV | 2005 | AzV |
|---|---|---|---|---|---|
| **ROCE** | 2,8 % | 14,4 % | | 20,0 % | |
| Gewinn (v. Zinsen + Steuern) | 25,0 | 130,0 | 420,0 % | 180,0 | 38,5 % |
| Capital employed | 900,0 | 900,0 | 0,0 % | 900,0 | 0,0 % |

Beispiel für die Entwicklung des ROCE 2003–2005
(AzV=Abweichung zum Vorjahr)

## Ansatzpunkte für eine Verbesserung des ROCE

Ein Verbesserung des ROCE lässt sich erreichen durch

- ◆ eine Erhöhung des Gewinns (vor Zinsen und Steuern)
- ◆ und durch eine Optimierung des Capital employed, d.h. durch eine Optimierung der Kapitalbindung im Anlagevermögen oder durch eine Optimierung des Net Working Capital.

## 5.5 Gestaltung eines Kennzahlen-Cockpits

Kennzahlen werden den Informationsempfängern immer häufiger online statt in Papierform zur Verfügung gestellt.

Hiermit eröffnen sich für die Darstellung der Kennzahlen neue Möglichkeiten. In der Praxis werden immer häufiger „Kennzahlen-Cockpits" oder „Kennzahlen-Dashboards" eingesetzt.

Besonders beliebt ist die Darstellung von Kennzahlenergebnissen in Form von Ampeln. Die Ampelfarben werden dabei zur Visualisierung der Kennzahlenbeurteilung (gut = grün, mittel = gelb, schlecht = rot) eingesetzt.

**Kennzahlen-Cockpit**

| Eigenkapital-quote 22,2 % | Schuldentilgungs-dauer in Jahren 7,9 | Cashflow in % der Gesamtleist. 5,3 % | Gesamtkapital-rentabilität 4,8 % |
|---|---|---|---|

Eine andere, immer häufiger anzutreffende Art der Visualisierung von Kennzahlen ist das Tachometerdiagramm. Dazu wird das Tachometer in Bereiche aufgeteilt (roter Bereich, gelber Bereich, grüner Bereich) und mit einer Skalierung versehen.

Der jeweilige Kennzahlenwert wird durch die Position der Tachonadel dargestellt und kann von der Skala abgelesen werden.

Die Attraktivität eines Kennzahlen-Cockpits kann gesteigert werden, wenn das Cockpit eine Interaktion erlaubt.

# Auf den Punkt gebracht:

◆ Die Verwendung einer größeren Anzahl von Kennzahlen birgt die Gefahr, dass der Überblick verloren geht. Daher ist es häufig erforderlich, die Kennzahlen zu systematisieren, d.h. zu einem Kennzahlensystem zusammenzufassen.

◆ Kennzahlensysteme zeichnen sich durch eine oder mehrere Spitzenkennzahlen aus.

◆ Der RoI-Baum (Kapitalertragsstammbaum) verwendet zur Beurteilung des Unternehmenserfolgs die Gesamtkapitalrentabilität des Unternehmens.

◆ Das RL-Kennzahlensystem umfasst sowohl Rentabilitätskennzahlen als auch Liquiditätskennzahlen.

◆ Zu den neueren Erfolgskennzahlen zählen insbesondere die Kennzahlen EVA und ROCE.

◆ Die Kennzahl EVA (Economic Value added) ist Mittelpunkt der wertorientierten Unternehmensführung".

◆ Die Kennzahl ROCE (Return on Capital Employed) dient der Beurteilung der Rentabilitätssituation des Unternehmens.

◆ In der Praxis werden immer häufiger „Kennzahlen-Cockpits" oder „Kennzahlen-Dashboards" eingesetzt.

# 6 Kennzahlen für einzelne Unternehmensbereiche

## Sinnvolle Detailinformationen

Für eine Analyse und Steuerung eines Unternehmens mit Kennzahlen empfiehlt es sich, nicht nur Kennzahlen für das Gesamtunternehmen zu ermitteln, sondern auch für die einzelnen Unternehmensbereiche.

Nachfolgend werden beispielhaft Kennzahlen für die Bereiche Produktion und Vertrieb/Marketing vorgestellt.

### 6.1 Kennzahlen zum Produktionsbereich

#### Gesamtleistung in Euro je Fertigungsstunde

$$\text{Gesamtleistung in Euro je Fertigungsstunde} = \frac{\text{Gesamtleistung (Euro)}}{\text{Anzahl Fertigungsstunden}}$$

Die Kennzahl Gesamtleistung in Euro je Fertigungsstunde ist eine wichtige Kennzahl zur Beurteilung der Produktivität und des Rationalisierungsgrades.

Sie wird häufig als Zielgröße für eine Optimierung der Produktionsprozesse verwendet.

#### Abwesenheitsquote in %

$$\text{Abwesenheitsquote in \%} = \frac{\text{Anzahl Abwesenheitstage}}{\text{Anzahl Gesamtarbeitstage}}$$

Die Kennzahl Abwesenheitsquote in % ist nicht nur eine wichtige Kennzahl für den Produktionsbereich, sondern für alle Bereiche des Unternehmens.

Eine hohe Abwesenheitsquote hat einen erhöhten Personalbedarf zur Folge und damit erheblichen Einfluss auf die Wirtschaftlichkeit des Unternehmens.

## Krankheitsquote in %

$$\text{Krankheitsquote in \%} = \frac{\text{Anzahl Krankheitstage}}{\text{Anzahl Gesamtarbeitstage}}$$

Die Krankheitsquote in % sollte eine Standardkennzahl für alle Unternehmensbereiche sein. Sie zeigt, wie hoch der Grad der krankheitsbedingten Abwesenheit ist.
Diese Kennzahl wird von vielen Unternehmen regelmäßig ermittelt, aber leider oft nur zur Information und nicht als Basis für Aktionsprogrammme zur Optimierung der Krankheitsquote.

| Praxistipp |
| --- |
| Eine hohe Krankheitsquote sollte einer gründlichen Analyse unterzogen werden. Die Ergebnisse einer solchen Analyse können dann als Basis für gezielte Maßnahmen verwendet werden. |

## Materialmehr-/-minderverbrauch absolut und in %

$$\text{Mehr-/-minderverbrauch (abs.)} = \text{Ist-Mat.verbrauch} - \text{Plan-Mat.verbrauch}$$

$$\text{Materialmehr-/-minderverbrauch in \%} = \frac{\text{Mehr-/Minderverbrauch in Euro} \cdot 100}{\text{Plan-Materialverbrauch}}$$

Die Kennzahl Materialmehr-/-minderverbrauch dient der Überwachung und Steuerung der Wirtschaftlichkeit des Materialeinsatzes.

Diese Kennzahl wird oft auch als „Ausschussquote" bezeichnet.

Der absolute Materialmehr- bzw. Materialminderverbrauch wird ermittelt, indem die Differenz zwischen Ist-Materialverbrauch und Plan-Materialverbrauch gebildet wird.
Zur prozentualen Ermittlung wird der absolute Mehr-/Minderverbrauch auf den Plan-Materialverbrach bezogen und in Prozent ausgedrückt.
Der Plan-Materialverbrauch wird ermittelt, indem die Ist-Produktionsmengen mit den Vorgabewerten aus Stücklisten bzw. Produktkalkulationen multipliziert werden.

## Fertigungsmehr-/-minderlohn absolut und in %

Mehr-/Minderlohn (abs.) = Ist-Fertig.lohn − Plan-Fertig.lohn

$$\text{Mehr-/Minderlohn in \%} = \frac{\text{Mehr-/Minderlohn in Euro}}{\text{Plan-Fertigungslohn}}$$

Die Kennzahlen Fertigungsmehr-/-minderlohn absolut und in % zeigen auf, ob es gegenüber den Vorgabewerten aus Arbeitsplänen bzw. Produktkalkulationen zu Abweichungen gekommen ist.

Der absolute Fertigungsmehr-/-minderlohn wird ermittelt, indem die Differenz zwischen Ist-Fertigunglohn und Plan-Fertigungslohn gebildet wird.
Zur Ermittlung des Fertigungsmehr-/-minderlohns in Prozent wird der absolute Fertigungsmehr-/-minderlohn auf den Plan-Fertigungslohn bezogen und in Prozent ausgedrückt.
Der Planfertigungslohn wird ermittelt, indem die tatsächlichen Produktionsmengen mit den Vorgabewerten aus

Arbeitsplänen beziehungsweise Produktkalkulationen bewertet werden.

## Anteil Maschinenrüstzeiten in %

$$\text{Anteil Rüstzeiten in \%} = \frac{\text{Rüstzeiten in Stunden}}{\text{Maschinenstunden gesamt}}$$

Die Kennzahl Anteil Maschinenrüstzeiten in % macht transparent, wie hoch der Anteil der Rüstzeiten (z.B. durch Werkzeugwechsel) an den Gesamt-Maschinenstunden ist.

---
**Praxistipp**

Der Anteil der Rüstzeiten lässt sich oft reduzieren durch eine effiziente Produktionsplanung und -steuerung und eine Fertigungslosgrößenoptimierung.

---

## Maschinenauslastung in %

$$\text{Maschinenauslastung in \%} = \frac{\text{Ist-Maschinenstunden}}{\text{Verfügbare Maschinenkapazität in Stunden}}$$

Die Kennzahl Maschinenauslastung in % ist eine sehr bedeutende Kennzahl. Bedingt durch die hohe Anlagenintensität ist heute der Erfolg eines Unternehmens in hohem Maße von der Auslastung der vorhandenen Maschinen und Anlagen abhängig.

Die zur Erreichung der Gewinnschwelle erforderliche Kapazitätsauslastung ist in den meisten Branchen in den letzten Jahren erheblich gestiegen.

Kennzahlen zur Maschinenauslastung sollten deshalb in jedem Produktionsunternehmen ein „Muss" sein.

Schwache Maschinenauslastungen müssen gründlich analysiert werden, da die Gründe mannigfaltig sein können.

## 6.2 Kennzahlen zum Vertriebs- und Marketingbereich

Kennzahlen zu diesem Bereich werden im Folgenden tabellarisch aufgelistet.

**Kundenbezogene Kennzahlen**

Kunden-Umsatzanteil
Anteil in % vom Plan
$$= \frac{\text{Planumsatz des Kunden (Euro)} \cdot 100}{\text{Planumsatz gesamt (Euro)}}$$

Kunden-Umsatzanteil
Anteil in % vom Ist
$$= \frac{\text{Istumsatz des Kunden (Euro)} \cdot 100}{\text{Istumsatz gesamt (Euro)}}$$

Kundenumsätze
Abweichung zum Plan
$$= \text{Istumsatz} - \text{Planumsatz}$$

Kundenumsätze
Abweichung zum Plan in %
$$= \frac{\text{Istumsatz} - \text{Planumsatz} \cdot 100}{\text{Planumsatz}}$$

Neukunden-Umsatzanteil
$$= \frac{\text{Neukundenumsatz} \cdot 100}{\text{Gesamtumsatz}}$$

Kunden-Deckungsbeitragsanteil
Anteil in % vom Plan
$$= \frac{\text{Plan-DB des Kunden (Euro)} \cdot 100}{\text{Plan-DB gesamt (Euro)}}$$

Kunden-Deckungsbeitragsanteil
Anteil in % vom Ist
$$= \frac{\text{Ist-DB des Kunden (Euro)} \cdot 100}{\text{Ist-DB gesamt (Euro)}}$$

Kunden-Deckungsbeiträge
Abweichung zum Plan
$$= \text{Ist-DB} - \text{Plan-DB}$$

Kunden-Deckungsbeiträge
Abweichung zum Plan in %
$$\frac{\text{Ist-Deckungsbeitrag} \cdot 100}{\text{Plandeckungsbeitrag}}$$

## Artikelbezogene Kennzahlen

Artikelumsätze
Anteil in % vom Plan
$$= \frac{\text{Planumsatz des Artikels (Euro)} \cdot 100}{\text{Planumsatz gesamt (Euro)}}$$

Artikelumsätze
Anteil in % vom Ist
$$= \frac{\text{Istumsatz des Artikels (Euro)} \cdot 100}{\text{Istumsatz gesamt (Euro)}}$$

Artikelumsätze
Abweichung zum Plan
$$\text{Istumsatz} - \text{Planumsatz}$$

Artikelumsätze
Abweichung zum Plan in %
$$\frac{\text{Istumsatz} - \text{Planumsatz} \cdot 100}{\text{Planumsatz}}$$

Umsatzanteil neuer Artikel in %
$$= \frac{\text{Umsatz neuer Artikel} \cdot 100}{\text{Gesamtumsatz}}$$

Artikel-Deckungsbeitragsanteil
Anteil in % vom Plan
$$= \frac{\text{Plan-DB des Artikels (Euro)} \cdot 100}{\text{Plan-DB gesamt (Euro)}}$$

Artikel-Deckungsbeitragsanteil
Anteil in % vom Ist
$$= \frac{\text{Ist-DB des Artikels (Euro)} \cdot 100}{\text{Ist-DB gesamt (Euro)}}$$

Artikel-Deckungsbeiträge
Abweichung zum Plan
$$= \text{Ist-DB d. Artikels} - \text{Plan-DB d. Artikels}$$

Artikel-Deckungsbeiträge
Abweichung zum Plan in %
$$= \frac{\text{Ist-Deckungsbeitrag} \cdot 100}{\text{Plandeckungsbeitrag}}$$

## Gebiets- bzw. regionsbezogene Kennzahlen

Umsätze des Verkaufsgebietes
Anteil in % vom Plan
$$= \frac{\text{Planumsatz d. Gebietes (Euro)} \cdot 100}{\text{Planumsatz gesamt Euro}}$$

Umsätze des Verkaufsgebietes
Anteil in % vom Ist
$$= \frac{\text{Istumsatz d. Gebietes (Euro)} \cdot 100}{\text{Istumsatz gesamt (Euro)}}$$

Umsätze des Verkaufsgebietes
Abweichung zum Plan
$$= \text{Istumsatz} - \text{Planumsatz}$$

Umsätze des Verkaufsgebietes
Abweichung zum Plan in %
$$\frac{\text{Istumsatz} - \text{Planumsatz} \cdot 100}{\text{Planumsatz}}$$

| Gebiets-Deckungsbeitragsanteil<br>Anteil in % vom Plan | | $\dfrac{\text{Plan-DB des Gebiets (Euro)} \cdot 100}{\text{Plan-DB gesamt (Euro)}}$ |
| Gebiets-Deckungsbeitragsanteil<br>Anteil in % vom Ist | $=$ | $\dfrac{\text{Ist-DB des Gebiets (Euro)} \cdot 100}{\text{Ist-DB gesamt (Euro)}}$ |
| Gebiets-Deckungsbeiträge<br>Abweichung zum Plan | | $\text{Ist-DB} - \text{Plan-DB}$ |
| Gebiets-Deckungsbeiträge<br>Abweichung zum Plan in % | | $\dfrac{\text{Ist-Deckungsbeitrag} \cdot 100}{\text{Plan-Deckungsbeitrag}}$ |

## Außendienstkennzahlen

| Mitarbeiterumsatz<br>Anteil in % vom Plan | $=$ | $\dfrac{\text{Planumsatz ADM} \cdot 100}{\text{Planumsatz gesamt}}$ |
| Mitarbeiterumsatz<br>Anteil in % vom Ist | $=$ | $\dfrac{\text{Istumsatz ADM} \cdot 100}{\text{Istumsatz gesamt}}$ |
| Mitarbeiterumsatz<br>Abweichung in % vom Plan | $=$ | $\dfrac{\text{Istumsatz} - \text{Planumsatz} \cdot 100}{\text{Planumsatz gesamt}}$ |
| Mitarbeiter-Deckungsbeitrag<br>Anteil in % vom Plan | $=$ | $\dfrac{\text{Plan-DB ADM} \cdot 100}{\text{Plan-Deckungsbeitrag gesamt}}$ |
| Mitarbeiter-Deckungsbeitrag<br>Anteil in % vom Ist | $=$ | $\dfrac{\text{Ist-DB ADM} \cdot 100}{\text{Ist-Deckungsbeitrag gesamt}}$ |
| Mitarbeiter-Deckungsbeitrag<br>Abweichung in % vom Plan | $=$ | $\dfrac{\text{Ist-DB} - \text{Plan-DB} \cdot 100}{\text{Plan-Deckungsbeitrag gesamt}}$ |
| ø Kundenbesuche je ADM | $=$ | $\dfrac{\text{Gesamtanzahl Kundenbesuche}}{\text{Anzahl ADM}}$ |
| ø Umsatz je ADM | $=$ | $\dfrac{\text{Gesamtumsatz}}{\text{Anzahl ADM}}$ |
| ø Deckungsbeitrag je ADM | $=$ | $\dfrac{\text{Gesamtdeckungsbeitrag}}{\text{Anzahl ADM}}$ |

(ADM = Außendienstmitarbeiter)

# Auf den Punkt gebracht:

◆ Für eine intensive Analyse und Steuerung des Unternehmens mit Kennzahlen reichen oft die üblichen Kennzahlen, die sich ausschließlich auf das Gesamtunternehmen beziehen, nicht aus.

◆ Die Kennzahlen für das Gesamtunternehmen sind daher zu ergänzen um Kennzahlen für die einzelnen Unternehmensbereiche.

◆ Bei den Kennzahlen für einzelne Unternehmensbereiche handelt es sich um spezifische Kennzahlen.

◆ Die Kennzahlenauswahl muss sich konkret am Informationsbedarf der Bereichsverantwortlichen orientieren.

◆ Eine Hilfe bei der Kennzahlenauswahl ist die Ausrichtung an den Erfolgsfaktoren des jeweiligen Unternehmensbereiches.

◆ Es muss sichergestellt werden, dass den Bereichsverantwortlichen klar ist, durch welche Maßnahmen die Kennzahlen konkret beeinflusst werden können.

# Literaturempfehlungen

Baum, Frank: Kosten- und Leistungsrechnung. Berlin 2003

International Group of Controlling (Hrsg.): Controller-Wörterbuch. 2. Aufl., Stuttgart 2001

Kemmerer, Jürgen: Kaufmännisches Rechnen. Berlin 2003

Kralicek, Peter u.a.: Kennzahlen für Geschäftsführer: das Handbuch für Praktiker. 4. Aufl., Wien/Frankfurt 2001

Külpmann, Bernd: Controlling. Berlin 2005

Ossola-Haring, Claudia: Das große Handbuch Kennzahlen zur Unternehmensführung. 2. Aufl., Landsberg 2003

Teisman/Birker (Hrsg.): Handbuch Praktische Betriebswirtschaft. 4. Aufl., Berlin 2002

Wiehle, Ulrich u.a.: 100 IFRS Financial Ratios. Wiesbaden 2005

# Abkürzungsverzeichnis

| | |
|---|---|
| ADM: | Außendienstmitarbeiter |
| AzV: | Abweichung zum Vorjahr |
| BV: | Bestandsveränderung |
| CF: | Cashflow |
| DB: | Deckungsbeitrag |
| DBU: | Deckungsbeitrag in % vom Umsatz |
| EGT: | Ergebnis der gewöhnlichen Geschäftstätigkeit |
| EK: | Eigenkapital |
| ESt: | Einkommenstteuer |
| EVA: | Economic Value added |
| FK: | Fremdkapital |
| FKZ: | Fremdkapitalzinsen |
| FLM: | Flüssige Mittel |
| GK: | Gesamtkapital |
| GL: | Gesamtleistung |
| GuV: | Gewinn- und Verlustrechnung |
| IGC: | International Group of Controlling |
| ILV: | Innerbetriebliche Leistungsverrechnung |
| L+L: | Lieferung und Leistung |
| MA: | Marktanteil |
| ROCE: | Return on Capital employed |
| RoI: | Return on Investment |
| UV: | Umlaufvermögen |
| VO: | Vorräte |

# Stichwortverzeichnis

# Institut für Training und Beratung
## Dipl.-Betriebswirt Bernd Külpmann

Bernd Külpmann, Dipl.-Betriebswirt, ist Inhaber des 1989 gegründeten Instituts für Training und Beratung, Solingen.
Vor seiner Tätigkeit als Berater und Trainer war er mehrere Jahre als Führungskraft im Controlling verschiedener Unternehmen im In- und Ausland tätig.

Seine Tätigkeitsschwerpunkte:

- Beratung von Unternehmen bei dem Aufbau moderner Controllingsysteme
- Analyse und Optimierung vorhandener Controllingsysteme
- Unterstützung von Unternehmen bei der Lösung betriebswirtschaftlicher Probleme
- Strategieberatung
- Durchführung von Fachseminaren für Controller
- Durchführung von Spezialseminaren für Mitarbeiter aus Controlling und Rechnungswesen mit den PC-Programmen EXCEL und ACCESS
- Durchführung von Controlling- und betriebswirtschaftsseminaren für Führungskräfte

Institut für Training und Beratung
Dipl.-Betriebswirt Bernd Külpmann
Eggenweg 32, 42655 Solingen
Telefon (0212) 800990, Fax (0212) 80191
E-Mail: controlling@itb-con.de
Internet: www.itb-con.de

# Bekanntmachung

# POCKET RECHT – alles, was Recht ist.

Die **neue Reihe** mit konzentrierten Informationen zu
Rechtsfragen im Berufsleben startet mit drei Titeln.

**Arbeitsrecht**
ISBN 3-589-23803-8
ISBN* 978-3-589-23803-3

**Ehevertrag**
ISBN 3-589-23813-5
ISBN* 978-3-589-23813-2

**Haftung**
ISBN 3-589-23823-2
ISBN* 978-3-589-23823-1

---

**Local Marketing**
ISBN 3-589-21948-3
ISBN* 978-3-589-21948-3

**Umgang mit Vorgesetzten**
ISBN 3-589-21962-9
ISBN* 978-3-589-21962-9

**Networking**
ISBN 3-589-23460-1
ISBN* 978-3-589-23460-8

**Zeitarbeit**
ISBN 3-589-21959-9
ISBN* 978-3-589-21959-9

**Schreiben im Beruf**
ISBN 3-589-23440-7
ISBN* 978-3-589-23440-0

\* ab 2007 gelten die 13-stelligen ISBN-Angaben

---

Cornelsen Verlag
14328 Berlin
www.cornelsen.de